国外当代教育研究译丛

精准教学系列
主　编　盛群力　肖龙海
副主编　冯建超

精准教学的学习条件

JINGZHUN JIAOXUE DE XUEXI TIAOJIAN

[美]罗伯特·J.马扎诺　詹妮弗·A.柯丽瑞
　　　泰瑞·A.摩根　著
胡美如　凌应强　译
盛群力　校

中原出版传媒集团
中原传媒股份公司
大象出版社
·郑州·

图书在版编目(CIP)数据

精准教学的学习条件/(美)罗伯特·J. 马扎诺,
(美)詹妮弗·A. 柯丽瑞,(美)泰瑞·A. 摩根著;胡美
如,凌应强译. — 郑州:大象出版社,2022.12
(国外当代教育研究译丛.精准教学系列)
ISBN 978-7-5711-0919-6

Ⅰ.①精… Ⅱ.①罗…②詹…③泰…④胡…⑤凌…
Ⅲ.①课堂教学—教学研究 Ⅳ.①G424.21

中国版本图书馆 CIP 数据核字(2021)第 277634 号

版权公告

Translated and published by Elephant Press Co., Ltd. with permission from Learning Sciences International. This translated work is based on CLASSROOM TECHNIQUES FOR CREATING CONDITIONS FOR RIGOROUS INSTRUCTION by Robert J. Marzano, Jennifer A. Cleary and Terry A. Morgan. © 2018, LSI. All Rights Reserved. Learning Sciences International is not affiliated with Elephant Press Co., Ltd., or responsible for the quality of this translated work.

本书的中文简体字版由 Learning Sciences International 授权大象出版社出版,未经大象出版社书面许可,任何人不得以任何方式复制或抄袭本书的任何内容。

著作权专有许可合同备案号:豫著许可备字-2020-A-0204

精准教学的学习条件
JINGZHUN JIAOXUE DE XUEXI TIAOJIAN

[美]罗伯特·J. 马扎诺
[美]詹妮弗·A. 柯丽瑞
[美]泰瑞·A. 摩根　著
胡美如　凌应强　译

出 版 人	汪林中
责任编辑	赵晓静
责任校对	张迎娟
装帧设计	张 帆

出版发行 大象出版社(郑州市郑东新区祥盛街 27 号　邮政编码 450016)
　　　　　发行科　0371-63863551　　总编室　0371-65597936

网　址	www.daxiang.cn
印　刷	郑州市毛庄印刷有限公司
经　销	各地新华书店经销
开　本	720 mm×1020 mm　1/16
印　张	9.25
字　数	128 千字
版　次	2022 年 12 月第 1 版　2022 年 12 月第 1 次印刷
定　价	39.00 元

若发现印、装质量问题,影响阅读,请与承印厂联系调换。
印厂地址　郑州市惠济区新城办事处毛庄村南
邮政编码　450044　　　　电话　0371-63784396

浙江省卓越教师培养协同创新中心
2017—2018年度重点项目"教师教学设计应用模式研究"成果

精准教学系列

"精准教学系列"（The Essentials for Achieving Rigor Series）这套教学指导书有助于教育工作者在实施、监控和适应教学方面做到得心应手。本系列采用了日常示例作为课堂应用的范例，使之具有即时的实践效果。

《确定关键内容：把握重点的方法》

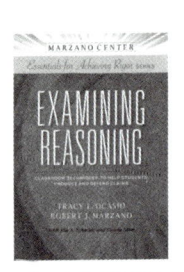

《言之有理：提出与辩护主张的方法》

《记录与表征知识：准确组织与总结内容的方法》

《区分异同：深度理解的方法》

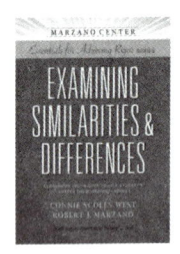

《加工新知：参与学习的方法》

《梳理知识：检查深度理解的方法》

《编制与使用学习目标和表现量规：教师如何作出最佳教学决策》

《参与综合认知任务：跨学科提出与检验假设的方法》

《操练技能、策略与过程：熟能生巧的方法》

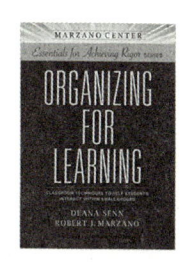

《组织学习活动：小组互动方法》

《标准驱动的课堂：精准教学的实践模式》

《精准教学要义图示》

《精准教学的学习条件》

致　谢

国际学习科学组织（Learning Sciences International）感谢以下审稿人的帮助：

翠西·罗威
（Traci Lowe）
西棕榈滩，佛罗里达州
两次荣获佛罗里达州辩论赛年度团体教练

安博·埃尔德
（Amber Elder）
俄克拉荷马城，俄克拉荷马州
英语语言艺术教研员，普特南市年度教师

献 词

　　致谢我生命中两位影响至深的人：妈妈和斯图。

　　妈妈——感谢您的一直陪伴和倾听，即便我不在您身边。感谢您教会我永不放弃。最重要的是，谢谢您是我最好的朋友。

　　斯图——我知道您一定会读我的致谢献词！感谢您，因为您是我学术工作的榜样，感谢您引领我爱上学习。正如科尔·斯温德尔所言："若你能来，该有多好！"

——詹妮弗·A. 柯丽瑞（Jennifer A. Cleary）

　　致谢妻儿，你们是我最深爱的人。致谢所有老师，帮助学生成功。永远感激你们致力于孩童的教育。

——泰瑞·A. 摩根（Terry A. Morgan）

作者简介

罗伯特·J. 马扎诺（ROBERT J. MARZANO），博士，全美知名教育研究专家、演讲家、培训师，著有40多本专著以及300多篇文章，涉及教学指导、评估、标准的制定和实施、认知、有效领导力和学校干预等。他致力于将最新的研究和理论转化为全世界教师和教育管理者广泛实践的课堂策略。

马扎诺博士团队共同开发了学习科学马扎诺中心"精准教学系列"要义，这种教学要义模式能够提高教师的基本教学技能和策略，从而更好地支持大学和职业预备标准。马扎诺博士与国际学习科学组织合作提出了马扎诺教师评估模型、马扎诺学校领导力评估模型和马扎诺学区领导评估模型。

马扎诺博士从华盛顿大学取得博士学位。如需进一步了解马扎诺博士的研究、作品和服务项目，可访问学习科学马扎诺中心网址：www.marzanocenter.com。

詹妮弗·A. 柯丽瑞（JENNIFER A. CLEARY），硕士，宾州西彻斯特大学工商管理工科学士毕业。在宾夕法尼亚大学完成教育学课程，后移居佛罗里达州从事教育事业。在小学和中学从教多年，同时从俄勒冈州波特兰的康考迪亚大学获得课程与教学论硕士学位。在学区的课程部工作期间，柯丽瑞女士开始重点关注基础阶段课程与教学论的培训指导。她悉心钻研教育、课程和学生成长，成效显著，被吸纳为国际学习科学组织研究人员。目前，她在国际学习科学组织从事课程内容开发和产品管理工作。在工作中，柯丽瑞女士有机会与全国各地的教育工作者一起探索高质量的活力教学，从而提高所有学生的成绩。

泰瑞·A. 摩根（TERRY A. MORGAN），国际学习科学组织高级培训师。他曾在超过25个以上学区培训了一万多名从小学到大学的教师。摩根先生教学经验丰富，其教学涵盖K-12的数学、科学、健康、体育学科，并曾在佛罗里达州的圣路西县担任教研专家。作为一位富有创新精神的教师和讲师，他与其他教师、学校和学区的合作，是提高教师有效教学和学生学习成绩的催化剂。摩根先生近来关注扶持面向贫困生的转型类学校。

目 录

引言 …………………………………………………………… 1

第一章　精准教学的条件 ………………………………… 1

第二章　制定规则和程序 ………………………………… 11

第三章　奖惩是否遵守规则和程序 ……………………… 31

第四章　当学生游离课堂时使用的参与策略 …………… 51

第五章　建立和维持有效的关系 ………………………… 73

第六章　向所有学生传达高期望 ………………………… 93

结语 …………………………………………………………… 111

附录 A　模板 ……………………………………………… 113

附录 B　实现精准教学模式的必要资源 ………………… 122

参考资料 ……………………………………………………… 125

引 言

《精准教学的学习条件》作为教学资源，旨在改善教学实践的一个方面：为学习创造条件。

本书中的这些策略是在大量研究的基础上提出的(比如《马扎诺教师评估大纲》中提出的策略），教师通常很乐意学习这些策略，并使之成为随时可用的教学方法的一部分，同时希望通过这些策略改善自己的教学行为。教师也希望能在课堂实施这些策略时提高精准程度，以使学生达到学业标准要求。

本书将帮助各年级和各学科教师提升特定教学策略，为精准教学创设条件，比如制定规则和程序，认识到奖惩是否遵照执行规则和程序，当学生游离课堂时使用策略让学生投入学习，建立并维持有效的关系，帮助所有学生明白教师的高期望。本书引领教师有意识地规划、实施、监控、调整和反思教学实践中的各个要素。马扎诺和托斯（Marzano and Toth，2013）指出，努力成为专家的人总会有一些与众不同的表现：

◇对成为专家所需的特定技能进行细化。

◇在实践或日常活动中，专注提高那些特定关键技能（而非简单的任务）。

◇获取及时的、具体的、可操作的反馈，尤其是来自更有经验的指导者的反馈。

◇在更具挑战性的水平上，不断练习每个关键技能直到掌握。对已经掌握的技能则尽量减少投入时间。

"精准教学系列"指导丛书就是基于上述方法，专注于分解教师专业成长所需特定技能，提供日常的实用建议，以帮助教师更得心应手地运用这些技能。

基于马扎诺教学模式

本丛书基于"马扎诺教学框架"（Marzano Instructional Framework），以相关研究为基础，为教育工作者提供将教学实践与学生学业成就联系起来所需的工具。本丛书使用了马扎诺教学模式（Marzano Model of Instruction）的关键术语，见关键术语表。

关键术语表

术语	定义
《共同核心国家标准》（CCSS）	该标准是由共同核心国家标准计划开发的标准文件的正式名称，其目的是为美国学生的大学深造和职业生涯做好准备
《大学深造与职业准备锚定标准》（CCR）	该标准是一个较为宽泛的说明，包含了针对各年级和特定内容领域的具体标准
预期结果（Desired Result）	由于实施一项具体策略而对学生提出的预期结果

（续表）

术语	定义
监控（Monitoring）	在实施具体策略时，检查学生是否达成预期结果的行为
教学策略（Instructional strategy）	已经证实的、在课堂教学中较有可能提高学习成绩的一类方法
教学方法（Instructional technique）	用于使学生深入理解知识与技能的教学方法
内容（Content）	学生达到标准要求所需的知识和技能
支架（Scaffolding）	有针对性地提供支持，从而使学生的认知复杂性和自主性达到精准目标
拓展（Extending）	将已经表现出预期结果的学生提升到更高理解水平的活动

数十年来，教育形势如钟摆般摇摆不定。教育工作者在规范的清单式教案和循序渐进的课程计划之间徘徊，目的都是鼓励教师的教学自主性，但是常常忽略了教学行为的科学性和尽职程度。在两种试图定义有效教学的方法中，常常缺少两种行为：（1）对预期结果的具体陈述；（2）高度可信的、基于研究的教学策略。如果从基于马扎诺教学模式的坚实教学基础出发，教师就能将这些科学理论与自己独特、有效的教学风格相结合，这就是教学艺术。

《精准教学的学习条件》将帮助教师成长为具有创新能力、拥有高水平技能的教师，使教师能实施有效教学、支架教学、拓展教学，以满足学生的一系列需求。

精准教学要义

本丛书详细介绍了基本的课堂策略，以应对教学中复杂的转变，这对于所有学生所需的精准教学环境来说是必不可少的。本丛书介绍的教学策略对于有效地教授《共同核心国家标准》《下一代科学标准》或学校所属区、州指定的标准至关重要。这些标准需要更深入的理解，运用更有效的策略加以广泛实施，从而使学生能够展现出标准所要求的知识和技能。本丛书包括适用于所有年级和内容领域的教学方法，还包含了针对具体年级的实例，可作为教师在课堂中应用的范例和落脚点。

无论教哪个年级或哪个学科，熟练运用这些策略对学生掌握《共同核心国家标准》或其他标准来说都至关重要。"精准教学系列"指导丛书中涵盖的其他教学策略，例如如何引导学生开展综合认知任务，体现了如何满足严格标准所需的认知复杂性。作为一个系列，这些策略乍看起来似乎有些令人生畏。因此，本丛书将在每本书中仅关注一个具体的教学策略。

第一章　精准教学的条件

精准的教和学，并非偶然发生或巧合事件。为了让精准教学成为课堂常态，教师必须密切关注学习环境。可以这么说，在进行任何内容的教学设计前，必须先规划好学习环境的条件。如果适当的教学条件不到位，常态化的精准教学、学习和表现就无从谈起。

无论教师是否意识到，教师都应持续与学生建立各种关系，并帮助学生建立彼此之间的关系。教师的教学方法、常规教学行为、吸引学生参与学习的策略及教师对学生的期望，时刻影响着学生。本书重点关注规划和创设精准教学和学生学习的最佳环境，最终帮助学生成功学习。

在创设学习条件时，密切关注学生需求是非常重要的。英语学习者、特殊教育学生和那些在校缺少帮助的学生，都有着不同的个性需求。而这些需求的满足，就始于学习环境的创设。

通常影响他们这些需求的直接原因是一些社会问题，比如贫穷这一在美国日渐明显的问题。生活在贫困中的学生很有可能缺乏资源，包括经济、情感、智力、精神和体力等资源。他们可能也缺少支持、人际关系、榜样和对于一些规则的认知。缺乏这些资源很可能直接影响学业成绩。确保社交问题不会影响学生的学习成绩很关键。希尔兹（Shields，1991）认为，影响学生学习的关键因素有三个：校内学习环境、家庭或社区环境、学区或州的相关政策。虽然外部条件对学生的校外生活产生显著影响，但是我们可以在校内创设条件并加以管理和控制，并最终利用它们来影响学生的学习。优良的条件可以对学生的头脑、成绩和发展产生正面影响。

通过创建有效的学习条件，教师有能力帮助学生克服学习上的障碍，尽管这些障碍有其根本原因。教育托拉斯集团的凯蒂·海考克（Kati Haycock）说：研究表明，如果学生长年接受能力卓越的教师的教学，无论他们背景如何，都能取得优异的成绩。而如果学生连续遇到两位能力不强的老师，那么他们在学习上将会非常困难（Peske & Haycock，2006）。在能力卓越教师引领下的正面学习经历可以打破所有高风险根源性原因导致的学生负面经历带来的恶性循环。在教室中创造的学习条件可以给学生带来前所未有的学习体验，同时也为学生的情感体验、社交体验和学业成就营造良好氛围（Jensen，2009）。

为学习环境创造条件，不仅可以让我们影响需求各异的学生，而且也能让我们精准地督促所有的学生。精准教学是通过提升学生认知的复杂程度和学生对基础知识和技能的自主性来实现的。如果没有学生认知复杂程度和自主性的学习，精准教学是无法实现的（见图1.1）。

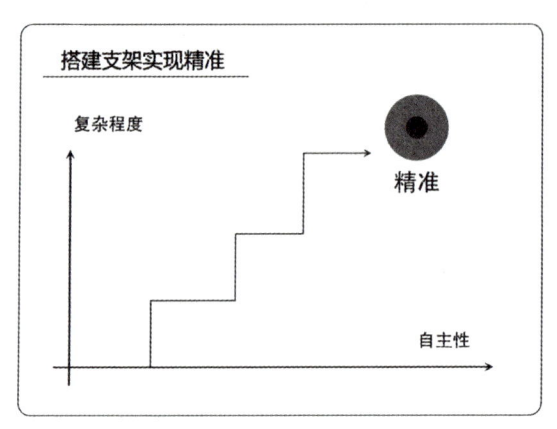

图1.1 复杂程度与自主性的关系

图1.1 基于标准的精准课堂必须包含高水平的认知复杂程度和学生的自主性。右上圆点位置即精准课堂要达到的理想位置。

在教室中创造学习条件并且确保这些条件高水平运行，可以让教师更加有能力提升教与学的认知复杂程度。因为这些条件已经具备，所以可以很容易地实施教学策略来改善课堂学习环境。

除了影响认知的复杂程度，创造学习条件还提供了必要的保障，以确保所有学生的自主学习。学习环境必须有助于推动每一位学生达到所设定的精准标准。在许多学校中，学生的成绩差距常常表现在马扎诺认知分类的高阶思维，比如从文本中获取含义、绘图推理、理解数学中的比例和度量等。当学生学习不够自主时，其原因常可以追溯到为学习环境创设的条件。为了达到精准教学，所有学生都必须具有学习的自主性，同时达到认知的复杂程度。本书中讨论的这些基于研究而确定的条件正是服务于此。

➡ 为精准教学建立有效的学习条件

如前一节所述，为精准教学建立有效的学习条件有两层含义。尚未建立有效条件时，学生行为可能被错误地分类为情感性的障碍或者学习性的障碍。有效的学习条件也为精准课堂提供了良好环境。这些条件所营造的环境有助于提升认知复杂程度，从而改善教学。教师在努力培养学生的自主性时，要确保有恰当的学习条件保证所有学生都在进步。在阅读本书的过程中，读者需要关注五大策略。在每个策略中都介绍了多个可用的教学方法。

实施精准教学的目的是能让学生成为具有创造力的一员，以积极应对变化的社会。与过去相比，参与课堂所需要的必备技能有很大不同。《大学深造与职业预备标准》要求将特定的思考技能和信息处理方法直接教授给学生，并在常态课堂教学中加以培养。这些技能和方法大致分成两类：认知技能和意动技能。认知技能在教育领域中是最为人熟悉的，包括对新信息的思考能力、加工能力、表达能力和运用之前已掌握的信息的能力。意动技能是为了采取恰当的行动而审视知识与情感的能力，这些是涉及性格和情感的人格技能。就自我导向和自我控制而言，意动技能对于一个人来说是至关重要的。下面策略中所蕴含的意动技能，对于自主学习和最终实现精准教学是十分有必要的。在考虑有效创设精准教学的学习条件时，请考虑下述策略：

◇制定规则与程序。

◇奖惩是否遵守规则和程序？

◇学生游离课堂时如何使用策略让他们投入学习？

◇建立和维持有效关系。

◇让所有学生领会教师的高期望。

→ 创设精准教学条件需要避免的常见错误

开始实施这些与创设精准教学条件有关的策略和方法时，需要考虑如何防范一些常见错误。有时候一个小错误就有可能会使你的努力功亏一篑。下面是在创设精准教学条件时常见的错误。

在学习环境中只将规则用作惩罚手段

规则和程序在课堂中是不可讨价还价的。它们作为学习环境的基本架构元素，可以更好地保证成功。不恰当地运用规则和程序，就是剥夺学生的自律能力。为学生提供规则和程序，学生用它们来规范自己的行为，也就是让学生成为营造学习环境的主体。教室不仅是教师的教室，更是学生的教室。

不能一以贯之

在支持学生时，无论教师是通过教学提供支持，还是承认遵守或不遵守规则和程序，一以贯之是非常有必要的。从长远来看，在数量、深度、交互类型方面始终保持一致，对建立一个使所有学生都感到满足的学习环境有很大帮助。

在情绪上没有保持客观公允

总有一些时候，在课堂中发生的事情会让人的情绪发生变化。教师需要在情绪上保持客观公允，从而创设一个有利于全班学生的学习环境。教师长期保持客观公允，并克制自己的情绪，有助于和学生建立良好的关系。

未能让学生投入学习

任何有意义学习的前提是学生在认知上必须投入。认知投入要求学生能认真听讲。教师必须认识到，要让100%的学生在100%的时间内100%地投入学习几乎是不可能的。尽管如此，一个教学效率高的教师会持续关注学生的学习投入程度，并在学生不够投入的时候采取行动。

未能与学生建立良好关系

良好的关系可以让课堂持久和谐。如果师生关系和谐，各种冲突和不快就会减少。事实上，良好的师生关系有巨大的能量，可以改善课堂中的其他所有方面。相反，课堂中出现的很多行为问题与师生关系不良有直接关系（Marzano，2007）。因此，如果未能和学生建立良好关系，就会使课堂中的精准水平降低。

未能让学生领会教师的高期望

一个经常不被提及的课堂活力要素是教师对学生的期望。教师对学生的期望可以决定教师与学生互动的频率和深度。很多人没有意识到这个活力要素，如果学生不能领会教师对他们的高期望值，就难以达到精准课堂所要求的自主性。

教学和强化意动技能的时机

如前所述，意动技能指的是审视知识与情感进而选择恰当行动方向的技能。意动技能帮助学生准备好与学伴互动，并且对学生成功地自我引导和自我控制至关重要，为他们大学深造和职业生涯做好准备。如果审视每一项学习条件所需的策略，教师会发现想要成功使用某项具体策略所需要的意动技能。

◇**意识到研判能力的重要性**：学生能够意识到对一个情境的研判会影响到自己的思维、感受和行动。

◇ **培养成长心态**：学生开始认识到自己有能力提升智慧或增强能力。

◇ **培养抗挫折能力**：学生有能力承受失败。他们面对挑战和逆境，依然奋力前行。

◇ **避免负能量的思考方式**：人难免会有情绪，但是学生要逐渐学会避免情绪主导自己的想法和行动。

◇ **能多角度审视**：在审视一个给定的话题时，如果有多个角度或者不同观点有冲突，学生开始逐渐有能力超越自己的推理方式。

◇ **负责任地开展交互**：学生开始能够和学伴开展互动，并且对这些互动的结果负责。

◇ **处理争议和解决冲突**：当出现矛盾或争议时，学生能够恰当地或者正面地应对。

➡ 创设学习条件的教学策略和方法

创设学习条件有诸多途径。最终目标是尽可能创设一种课堂氛围，使得精准的教学和学习成为可能。学习条件创设成熟时，这些条件也能有助于需求各异的学生。每一种用于创设学习条件的策略都包含了各种各样的方法。这些方法被称为"教学技巧"。本书中所谈论的每一种策略都辅以多个教学技巧，可在实践中实施。如先前所述，精准教学的学习条件的创设需要五种策略：

1. 制定规则与程序。
2. 奖惩是否遵守规则和程序？
3. 学生游离课堂时如何使用策略让他们投入学习？
4. 建立和维持有效关系。
5. 让所有学生领会教师的高期望。

所有这些策略都以类似于下述顺序进行组织并包括下述构成部分：

◇某一策略及相应每条方法的简述。
◇有效实施这些策略和技巧的方式。
◇实施某一策略时要避免的常见错误。
◇教学和强化意动技能的时机。
◇运用某一策略的正例或反例。
◇对某一策略的预期成果的监控。
◇为满足学生需求而进行的支架教学或拓展教学。
◇附加资源。

第二章 制定规则和程序

雅各布·库宁（Jacob Kounin）进行过的一项研究显示，高效教学的教师在处理课堂纪律问题的具体方法上与低效教学的教师并无不同。让这些教师的教学变得更有效的，是教师如何在课前防患于未然（Kounin，1970）。换而言之，最重要的一步是教师预先就要确立明确的规则和程序。在《开学初》一书中，强调了对于在一学年的开始确立章程并将期望明确告知学生明白的重要性。在课堂纪律方面防患于未然，有可能为整个学年的课堂教学定下基调。

教师系统、明确地确立规则和程序的能力至关重要，有助于成功地创设有效的课堂学习条件。马扎诺（Marzano，2007）指出，没有有效的指导，学生的学习不可能有成效。规则和程序需要准确无误地表达出来，以免被曲解。詹森（Jenson，2009）也强调教师需要在学校环境中为学生设定行动框架。由于不同的背景和经历，学生可能不知道在特定的学校环境下如何表现或行动，这影响了他们看待世界的方式。但是，当教师从一开始就确立规则和程序时，这些规则和程序可以为学生提供了相同的被指导的经历，从而为所有人创造了机会均等的局面。

有效创设规则和程序的若干途径

规则明确了对学生行为举止的要求。程序则将这些要求落实到具体行为，这些行为是完成课堂学习活动的方法或者过程。制定规则和程序的最佳时间是一学年的开始。高效教学的教师会花很多时间确保学生完全理解并接受规则和程序中列出的所有行为要求。他们也会花时间解释这些规则和程序蕴含的理念，学生需要将程序操练足够多的次数，直到能像日常行为一样执行。研究表明，当教师要求学生参与制定规则和程序时，效果会更好（Marzano，2007）。

下文将详细讲述两种制定规则和程序的方法：（1）制定、教授课堂规则和程序。（2）组织好物理空间。课堂规则和程序提供了能改善学生学习的基础架构。程序、惯例和教室布置保证了学习的有效性和效率。如果缺乏管理，课堂便会杂乱无章——混乱的状态无助于促进学习。如果规则和程序缺失或低效，课堂时间就会荒废，学生注意力涣散，学习就会停滞不前（Marzano，2007）。

教师也可以身体力行，展现恰当的行为举止，正面强化学生的行为表现，而不是仅仅告诉学生该做些什么。下面是一些提升执行效率的建议。

教学规则和程序

课堂规则和程序在一整天的课程中都是必须存在的，尤其是在一些看起来微不足道的时段，这些时段包括：

◇ 课内。

◇ 一天中，学生在校的开始时间和结束时间。

◇ 人员转移过渡时段（从地毯上玩耍到课桌学习时段，走班上课时段，去餐厅或者其他特殊场所时段，等等）。

◇ 课堂被打断的时候。

◇ 拿取材料或器材的时候。

◇ 小组活动的时候。

◇ 学生个体自主学习的时候。

◇ 处理学生缺席情况的时候。

◇ 学生注意力重新集中的时候。

◇ 个体辅导的时候。

◇ 学生在教室中走动的时候。

◇ 学生到场或离场的时候。

下面要讨论的方法可以在开学初为学生创建一个平等的学习条件。这些步骤可以帮助学生对规则和程序形成共识，有助于避免争端。

在整个学年中，规则和程序可能需要依据情况变化做出调整。如果某条规则或程序没有达到预期效果，首先要确定其是否无效或者没有必要。如果某条规则或程序没有必要存在，就舍弃它。如果某条规则或程序没有达到预期效果，按照下述方法处理。

解释规则或程序

重申每一条规则或程序并且解释其中的理念。

> 我们有一条"非常重要的规章制度"是：在教室里只能走不能跑。这个规定很重要，原因是教室里有很多学生，还有桌椅和其他物品。如果每位学生都遵守"只走不跑"的规定，那么有人受伤的可能性就会大大降低。当我们跑的时候，我们可能会看不到一些摆放不整齐的桌椅，也来不及注意到其他学生在我们前面走动，出意外是难免的。所以，这个规定很重要，因为它保证了我们大家的安全。

> 这个学年我要强调一条重要课堂规定：在任何时候，每位同学都只能走不能跑。看一看我们的实验室，有本生灯，有尖锐的物品，还有其他潜在的危险。除了按要求使用这些工具，还必须记住：在这个教室里"只走不跑"可以帮助我们远离危险。

演练

在教师的照看下，让学生操练这些规则和程序。

> 我已经将新规章制度说清楚了，现在让我们练习一下。假设我们都在地毯上玩，当我说"开始"的时候，大家都以安全的方式回到座位上。也就是说，你们要走着回到座位上。准备好了吗？好，现在回到你们的座位上。

> 记住刚才我们讨论的规则，我希望每位同学取回自己的实验记录本，然后和同伴回到座位。我会看着大家，确保每个人都遵守规则。如果没有问题了，现在请去取回实验记录本。

强化

再次讲解规则和程序，并且反复练习，直到它们成为习惯或常规行动。

> 孩子们，排队之前，我要提醒大家"非常重要的规则"：在教室中只能走不能跑。今天我要特意提醒大家注意，是因为最近我们当中有的人已经忘记了，尤其是在排队的时候。所以，今天我稍微早一点结束上课，让我们再练习练习。记住，"只走不跑"对保护我们的安全来说非常重要。当我叫大家排队的时候，记得要这样做。记住：只能走。现在，大家听好了，请排队！

> 今天我们要上第二节实验课，我们将要取出很多实验材料。有些器材很锋利，而且我们实验桌上还会有化学药品。记住并遵守安全规则非常重要，我不希望看到有人在本可以避免的情况下受到伤害。所以，在教室里一定要小心，记住只许走不许跑。我已经将实验材料放在窗台上了，当我叫到一个小组的时候，请走到窗前，选择你们所需要的材料，然后返回实验桌。

在教学进程中，依据不同的教学策略，教师采用的规则或程序可能会有不同。但是，不管怎样，这些规则需要表述清晰，并且经过练习和强化。例如下列不同情况：

● 无须对话，还是和小组成员一起讨论？教师采用的教学策略是要求学生开展小组活动，还是由学生个体独立学习并生成个体成果？不同的情况要求采用不同的规则和程序。比如，学生在小组合作的时候，每位成员都应当有各自的任务以保证每位学生都参与学习。这些任务角色通常需要开展对话。相反，如果目的是让学生个体独立学习，就可能需要这样的规则：目光要持续关注自己的作业，或者克制自己不要和其他学生说话。

● **独坐还是和小组成员坐在一起？** 在不同的场景中，学生互动形式的表现应该是不同的。比如，小组作业和个人作业完成后，收集上交的方法就有不同。如果是学生独立完成的，上交时可能是横排或者竖排传上来的。而在小组活动时，常常需要安排一位小组成员收集作业，并将作业放到讲台附近的"已完成作业"文件夹中。

● **确立讨论的程序**。学生需要明白什么时候适合直接将答案说出来，什么时候要等待轮流作答。在教学过程中，需要采用合适的、必要的步骤。需要重点注意一点，学生和教师都应当明白在什么时候做出某个行为是合适的。

● **小组活动时无须生成结果还是需要生成结果？** 这个例子相对来说更加显而易见，然而，还是需要一套规则和程序保证书面作业能顺利完成并展示，也需要一套规则和程序确保小组讨论能生成结果。如果生成结果，需要制定这样的规则：每个成员都需要注明自己在成果中的贡献部分。比如可以在相应的部分标注自己名字的首字母，或者通过计算机程序追踪记录每个成员的贡献。在小组讨论中，要求每个成员参与特定的次数。比如在桌子中间放置标记物，或者布置专人记录每个成员参与讨论的情况。

● **教师主导教学还是学生主导教学？** 教师自己在教学时所采用的规则和程序，常常不同于学生独立学习或小组学习时的规则和程序。在不同的教学场景下，学生上厕所、削铅笔、与同伴交流、寻求帮助等，会有非常不同的行动要求。比如，下面这位教师解释在不同教学场景下对使用卫生间或者去喝水的行为要求。

> 我知道我们一天中有去卫生间或者去取水喝的时候。当然，我们不喜欢被约束着什么时候才能去。去卫生间或者去取水喝的时候，大家要

> 考虑一下教室里的情况。一天中你们会有很多独自学习的时候，可能是阅读课或者数学课，或者是我刚解释完任务要求你们独自完成或者合作完成之前。这将是你离开的最佳时机。如果在我讲课的时候，你们有谁忍不住要上厕所，请举起手向我请示。我点头了，你就可以起身去。如果我不在讲课并且你在独立学习，就不需要请示我。不过，去之前，记得看看那边有没有人在等。如果有人在卫生间门口等着，请等没有人了再去。

另外，使用首字母来总结规则和程序的重点也是很好的办法，比如 P-A-C-T-S。在学年初，教师告诉学生，整年中，他们在上课的时候都要遵循 P-A-C-T-S 的规定。P-A-C-T-S 是一种约定、契约或者合约。接下来教师可以针对其中的每个字母进行教学和练习巩固（Sprick & Baldwin，2009）：

P = Product（成果）。活动的目标或成果是什么？

A = Action（行动）。在活动中需要遵守哪些动作规则？

C = Collaboration（合作）。活动中需要遵守哪些参与规则？

T = Talk（交谈）。活动中开展交谈时需要遵守哪些规则？

S = Support（支持）。需要帮助时如何求助？

组织好物理空间

良好的教室座位编排是最"价廉物美"的教室管理形式。

——弗雷德·詹森（Fred Jensen）

规划组织教室空间的最佳原则：创设有利于支持教与学的物理条件。物理条件应当方便灵活地组织学生。很多教师常常忽视物理空间的组织，但是这确实是设计有效规则和程序时需要考虑的重要元素（Marzano，2007）。

下面是在规划组织物理空间的时候教师需要思考的几个问题：

● 教室里有多少学生？大班额所需要的组织方式和小班额是不同的。空间和物品常会造成一些限制，所以要知晓你可利用的资源，精心布置和摆放是针对不同班额成功组织教室空间的关键。

● 是否所有学生都能轻易看到教师？教室空间的组织要考虑是否适合教学。组织教室空间的时候，要考虑直接讲授时教师的基本位置。课桌的摆放角度会不会让一部分学生感觉不适？是不是有的学生没有朝着教师的方向？是不是有物品阻挡了学生朝向教师方向的视线？

● 课堂中基本的走动路径是怎么样的？组织教室空间的时候，要规划好全天活动之间的过渡。什么时候需要学生在教室中走动？对他们走动的路径是否有要求？教室内需要走动的例子有排队、使用洗手间、更换活动区域、调课、进入小组活动等。

● 在课堂的每个环节中，怎样安排最容易让学生集中注意力参与学习？如果教室空间的组织需要为课堂的某个教学环节做出改变，那么在上课前就要考虑好如何安排，以方便人员简单快速地走动或转换环节。如果只是稍微腾挪一下桌椅，未尝不可。但是如果重新安排空间会导致一片混乱，教师需要重新考虑课前的空间安排。例如，在小学课堂中，考虑先安排学生坐在地毯上进行的教学活动，然后再安排回到座位上进行独立学习或小组活动，这样上课会更加顺利。只要课堂常规训练到位，这个教学场景的转换只需要一点点时间，不会导致混乱。学生只需要从一个区域走到另一个区域。为了实现有秩序的环节过渡，教室空间的安排需要让学生能轻易掌握行动路线，并能确保人流畅通。

对于大点的学生，教师有时仍然需要集中全部注意力关注他们，而有时则需要安排他们独立学习或开展小组活动。在课堂上，学生通常需要面对教师或关注讲解的一个共同点，这样才能促进学习。然而，学生过渡到独立学习或者小组活动时，他们的注意点会转移，也就需要有不同的空间安排方式。安排教室空间的时候，要能方便学生挪移桌椅等物品，尽量不要制造混乱场面。在进行小组活动的时候，学生很快就能学会将桌子左右搬动或者换个方向，以便组成一个小组。无论学生要进行什么活动（小组活动、两人活动、独立活动），教师都要保证学生能方便地拿取必要的材料、看到教师发出的信号或者指令。请参阅图 2.1 中的案例。

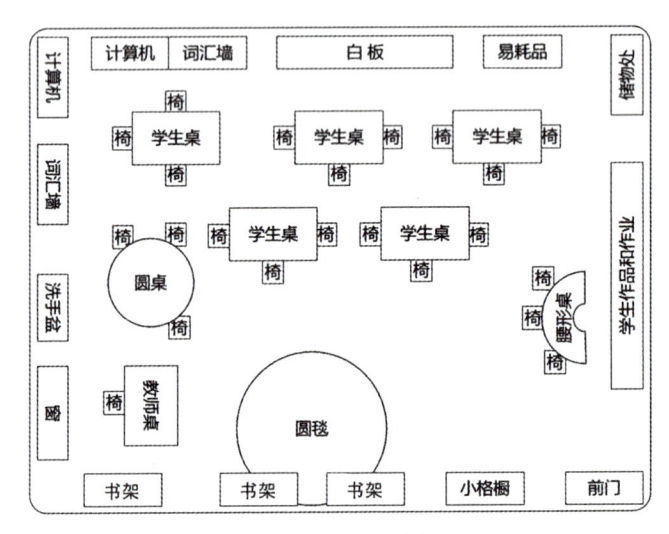

图 2.1 安排物理空间的案例

制定规则和程序时需要避免的常见错误

没有规划好规则和程序

一个非常常见的错误是没有为大大小小的活动规划好必要的规则和程序。也许你已经计划好让学生在廊道里有序行走或者在室内轻声说话，但是没有预案防止学生小组活动时因为没有分配好角色而节外生枝或中断活动。小组活动时，一位学生的铅笔断了，他该怎么拿到一支可用的铅笔？当老师说"交作业"的时候，对于学生来说意味着什么？

将规则和程序作为惩罚手段，而不是作为学习的支持环境

虽然有人建议，当一位学生没有遵守特定的规则或程序时，最好要让他知道行为的后果。但请记住，这并非制定规则和程序的唯一目的。制定规则和程序的目的是创造学习环境。期望的结果是学生领会规则和程序，更容易在教室中行动，更容易拿取到学习材料。如果得到有效教授、实施和操练，几乎不需要有学生接受惩罚的后果。

组织的教室空间并不有助于学生行动

即便其他所有的规则和程序都到位了，物理空间的安排不当也会抵消它们的正面效果。比如在交作业的环节，同时有多个学生朝同一个方向走去，而教室的空间又无法让这么多学生同时挤在一起，就有可能出乱子。在组织物理空间的时候，考虑好教室中的人员行进方式、学生的组群方式、良好的视线，是非常重要的。

教室中，不仅学生需要移动，教师也需要移动自己的位置。应当确保教师只要走几步就能接触到任何一位学生。如果教师发现自己得跨过一些器材，或者得从学生边上、桌椅或柜子旁边挤过去，就需要考虑重新安排学习空间。

➡ 教学和巩固意动技能的时机

请记住，意动技能可以让学生在真实世界中恰当地做出决定，并在此过程中达到知情合一。意动技能和认知技能在精准课堂中相辅相成。

负责任地互动

学生之间负责任地互动是支持课堂规则和程序的意动技能。学生应当积极主动，意识到自己的言行会正面影响和其他学生间的对话。富有成效的交

流最终可以提高学习效果。负责任的互动在不同场景下有不同的表现方式。正因为如此，无论学生年龄多大，教师一定要和学生分享你对他们开展互动的期待。高年级学生可能只需要口头提醒，强化有责任心的互动。低年级学生可能需要直接教给他们如何互动，并提供用于提醒的可视化信息、提示或者道具，从而达到持续强化的目的。

比如，我们在一个四年级班中观察到下面的教学环节。

> "你们组要针对课文开展一次讨论。我已经给你们一些提示语了。请记住，小组中的每一位成员都要实质性地参与这个活动，这点很重要。我已经将讨论记录所用的'宝石'放在每个小组的桌子上了，小组讨论中，谁的发言最有价值，就获得一枚'宝石'作为奖励，你可以将它放到小组讨论罐子里面。同时，其他小组成员负责确定同伴的发言是否值得一枚'宝石'，或是否需发言者详述。"
>
> 随着讨论的进行，可以听到有学生说："我要发言贡献一枚'宝石'。"小组同伴也会相互提醒参与对话，或者相互鼓励，比如："艾米，你已经有一会儿没放'宝石'了。有没有想法说来我们听听？"

处理矛盾和解决冲突

当人们的基本观念不一致的时候，就会产生矛盾。当来自不同背景、不同社会经济地位的学生在学校共处一室时，他们的观点很有可能不一样。这本身并非负面现象或因素。这些可觉察到的矛盾在引发冲突的时候，就会构成潜在的问题。如果一个人的观念成为另一个人实现目标的障碍时，双方就会产生冲突。通过制定规则和程序可以建立一些框架和准则，为矛盾双方提供一些空间，或消除冲突，或帮助做出决定。矛盾和冲突是不可避免的。教师准备好应对措施和解决方案可以对学生的学习产生积极的影响。表2.1中展示了一些规则和程序的实例，用于同伴互动和解决冲突。

这是一个小学班级为达到负责任地互动而使用的提示表。表格提供了三种建议，这些填空式语句用于回应其他学生或者建议其他学生进行完善。这个讨论模板既可以用于处理矛盾和冲突，也可以帮助学生负责任地开展互动。

表2.1 处理不同意见的讨论模板

同意	提供更多观点、建议	不同意
我同意_____同学。 我理解_____同学说的_____，并且同意他的说法。 _____说了_____，我没有其他要补充的了。	我同意_____同学所说的内容，不过我要补充一点：_____。 我觉得他的回答有一部分是正确的，但我还想补充一点：_____。 除了刚才同学们提出的几点，我还要说：_____。	我明白你的观点，不过，_____。 我已经听了你的观点，现在可以让我说说我的观点吗？ 我不同意你的观点，但是我想知道你这样做的理由。

→ 制定规则和程序的正例和反例

下面呈现的是小学和中学的各一个案例，包括正例和相应的反例。尽管这些案例（以及随后几章的案例）来自不同于你所教的年级和科目领域，但是教师应当认识到其中的原理和方法可以迁移到任何年级。

小学正例

本案例中的教师规划好了当天的每一个过渡环节。在开学之前，这位一年级的教师就明确了一天中需要落实的规则和程序的所有要点。她核查不同环节的过渡方式、学生可能采用的交互方式、一天中不同时间上卫生间的规定，以及其他可能需要特定规则和程序的情景。每一次，她都想好如何向学生解说每一条规则和程序，学生应该如何练习规则和程序，教师必要的时候如何强化。表 2.2 是她自己设计的规划工具，用于重要环节之间的过渡。可以看一下她如何开始这个教学过程，即便是在开学第一天。

表 2.2　教学规则和程序的规划步骤

列出你需要规划的规则或程序：从文学课过渡到数学课所需遵循的程序。 在下方表格中记录你对教学规则和程序的规划。
解释规则或程序：如何定义和描述规则/程序？想要和学生分享什么样的理念？ 定义/描述： ①按铃意味着开始整理。 ②将物品整理好放于原位。 ③准备好进行下一步，请举手示意。 理念： ①需要为接下来的人准备好教室中心区域。 ②记录物品的存放。
操练规则或程序：学生参与何种活动来练习该规则或程序？ 提早结束中心活动以逐步操练常规步骤。 ①按铃，等待学生注意。 ②学生在教师的监督下整理物品。如果有错误，教师及时纠正。 ③学生举手，示意已经完成。 在进行学习任务时，学生继续练习，教师继续监督。
强化规则或程序：使用何种特定的活动让学生将新学习的规则或程序变成习惯？ 学生将实时地练习这个程序。随着时间的推移，每个环节末尾所需的训练时间不断缩短，直到无须训练。

开学第一天这位教师意识到，一天中的很多时间要花在解释和操练这些规则和程序上。这一整天，她把这些都做到了。此刻，学生正在指定区域进行小组活动，根据当日安排，是文学活动课。教室中说话的音量略高于耳语，因为学生在这段时间里一直在训练使用恰当的音量。如果声音大了，教师就会停下来提醒学生使用合适的音量，并不断强化这条规则。在开始整理和过渡到下一个主题前的 10 分钟，她发出指令停止学生的活动，举手引起学生的

注意，等待学生停止并举手回应。学生看到信号，就知道要准备好听下一步的指令了。这一天中，教师向学生反复说明这个程序并且通过操练进行强化。当引起全部学生的注意时，她开始向学生解释下一条程序。

> 到了整理场地的时候，我会按这个铃。你们小组场地中的各种物品都要整理起来，放到原来的位置。这样，我们可以很容易地知道材料在哪儿，方便下次使用活动场地的学生找到这些物品。现在，大家开始练习如何将物品放回去。如果放完了，请举手示意。然后我们就准备进行下一步。

当学生练习整理活动场地的时候，教师在教室中走动，并观察学生的行为。当观察到学生难以按照要求做到时，她会小声地提醒已经教过他们的方法。在开学的前几个星期内，教师每天都会时不时地解释、演练、强化这些规则和程序。

小学反例

在这个反面案例中，教师进行了同样的活动，但是她在实施规则和程序时没有遵照"三步法"：解释、练习、强化。显然，上面正例中的教师对于每一条规则或程序都使用了"三步法"，并如例子所示取得了预期的效果。然而本例中，教师显然没有这样做。开学第一天，她组织一年级的学生开展小组学习。活动时声音很响，然后嘈杂声一直持续到了整理场地并准备当日的下一个学习活动的时候。教师大声喊叫着："大家听好了！现在整理场地！"很多学生还在对话，根本不理睬教师。她没有解释或者练习过吸引学生注意力的信号，所以学生不知道什么时候停下来。

当教师引起学生注意时，她只是让学生整理好场地后坐到自己的座位上。有的学生开始收拾物品，但是还有学生在讨论或者做着自己的事情。有的学生回到自己座位上了，而有的学生还在教室里随意走动。学生没有听从指令，因为教师没有解释过这些指令，学生也没有练习过这些指令。这就导致了混乱，也失去了实践教学规则和程序的时间。

中学正例

开学第一天，高二年级的科学老师布置了第一次作业。学生正在填写一个调查问卷，这将帮助教师了解学生在之前的课程中学到了什么。尽管问卷有点难，但教师还有进一步的计划。交问卷的时候，她请学生放下铅笔，听她讲如何操作。

"当我叫大家交作业的时候，请往左边传递。如果你是一横排中最左边的同学，请举手。"她等着所有收作业的学生举手，确认他们知道自己的角色。然后，她继续说。

> 你们负责将自己这一横排的作业放到教室前面的盒子里。拿上来之前请一定要叠放整齐。顺着走道一直走到讲台这里，然后绕着教室走一圈回到自己的座位上。这样做的目的是避免大家同时离开座位造成混乱。大家按照这个行车路线"开车"，就不会出"车祸"。重要的是，这样做既能让你们知道我已收到了作业，也让我清楚每个人已上交了作业。

这位教师用一个幽默的交通比喻来阐述她的程序理念。在回顾了程序之后，她让学生一步一步地操练，第一步是将问卷往左传递。教师等帮助收集作业的学生全部注意自己后再说下一条指令。然后，她指导学生站起来，按照"行车路线"上交问卷。学生在上交问卷时，她观察并依据需要对程序进行调整。其结果是一个有条不紊地上交作业的过程，这个程序建立之后将延续整一年的时间。

中学反例

和上面的中学案例一样的课堂，学生正在完成类似的问卷。他们一直做到了下课铃响。当学生开始起身散开闲聊的时候，教师朝他们大喊："别忘了把你们的作业交上来。"有些学生把卷子拿上来放到讲台上，而有的学生跑上来往老师手里一塞就走了。学生走光后，她留在教室里，手里抓着几张卷子，讲台上有一些，甚至还有的卷子在学生课桌上和地板上。

学生既没有被及时告知需要遵照执行的程序，也没有被告知遵守程序很重要。如果这件事情没有纠正过来，卷子会丢失，宝贵的教学时间也会被浪费。

▶ 监控制定的规则和程序是否取得预期结果

一旦制定了规则和程序，需要确认学生是否知道并理解它们。同样，也要考虑实施规则和程序的时候是否能提供方法让学生在教室中正确地走动、轻易地拿取物品。下述建议会有助于此：

◇提供课堂场景，并请学生在自己的白板上写下这些场景中需要哪些规则和程序。挑选白板上的一些回答，并请学生进行解释。

> 我已经要求同学们整理自己的文件夹并准备回家。我们都知道放学铃声快响了，每个人都很兴奋，因为周末到了。我们得记住哪些规则呢？请在你们的白板上写下这些规则，并准备进行解释。

◇请学生制作海报或者图表，呈现规则和程序。

> 我在这顶帽子里面放了一些纸条，每张纸条上有一条规则。我会把帽子传递给每个小组。每组中的1号学生从帽子里面抽取一条规则。每个小组要制作一张海报或者类似的展示作品来展示这条规则。我会巡视，

> 应该能猜到你们抽取到的是哪一条规则。如果证明你们理解了这些规则，你们就可以将展示作品挂在教室里来提醒自己。

◇回顾规则和程序，并倾听学生的阐述或讨论。

> 我已经给每个合作小组发放了一条规则。我会巡视并听你们讨论这条规则。我希望听到你们是理解这条规则的，并且能在必要的时候举出例子来，要能说出这条规则的目的。

请参照学生熟练程度量表（表2.3）以确定您对这个策略的熟练程度。本量表用于确定针对本策略的落实情况。"预期达标"一列阐述使用本策略所希望达到的结果，而"新手入门"和"基本掌握"呈现了使用该策略的一个发展过程。

表2.3 确立学生对规则和程序的熟练程度量表

条件	新手入门	基本掌握	预期达标
制定规则和程序	明晰规则和程序的目的，包括教室的物理空间布置	确立规则和程序，促进学生个体、小组和全班学习，包括组织好教室的布局	确立规则和程序的预期结果是所有学生都知道这些规则和程序，能够在教室中自如行动，能够轻易拿取教学材料

➡ 开展支架教学和拓展教学以满足学生的需求

在教学过程中可能需要进行调整，以保证学生能遵守规则和程序。这些调整取决于正在使用的方法，并能提供一些学生需要的支持、扶助和拓展，以便达到预期结果。

支架教学

◇ 为每一条规则或程序画一幅画。
◇ 讲一件真人真事。
◇ 制作海报。
◇ 角色扮演（教师参与其中）。

拓展教学

◇ 请学生对规则和程序进行分类并解释分类的原因。
◇ 请学生进行角色扮演。
◇ 绘制班级海报来总结规则和程序。
◇ 学生使用解决问题的技能来处理班级发生的状况。

教师需要铭记制定、练习、巩固规则和程序的目的是为学生的学习保驾护航。教师关注这一条策略有助于创设学习条件，帮助所有学生学业有成。

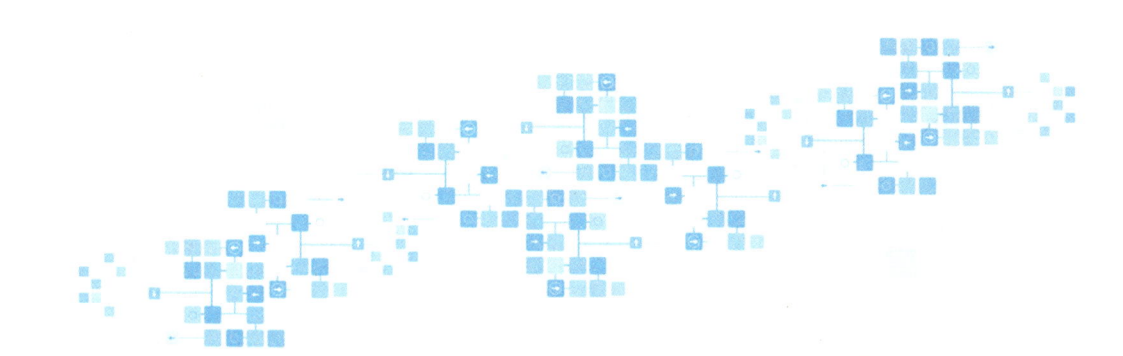

第三章 奖惩是否遵守规则和程序

正如第二章讨论的那样，学生在学业上可能受挫，原因在于他们没有意识到正面行为有助于他们的学习。反过来，缺乏这种意识的学生又常常会因为行为问题而被告到班主任那里，被请出教室，甚至被停学。得克萨斯州进行的一项"破坏校规"（Fabelo et al., 2012）研究，采集了学生自七年级始三年的成长信息。该项研究发现，在这三年里，几乎60%的学生至少因违规而被停学一次，而31%的学生至少被停学4次，1/7的学生被停课至少11次。

当然，学生没有遵守规则或程序的时候，教师确实需要进行跟进。研究表明，有效的学习环境需要有一个平衡之道，强化积极行为，遏制消极行为。在《教学的艺术与科学》一书中，马扎诺（Marzano, 2007）指出，缺少后续结果的规则和程序——积极的和消极的——几乎不能提升学习效果。

毋庸置疑，行为不当以至于被逐出教室的学生的学业表现肯定不如其他学生。从新的精准教学的角度看，学生间的这种差异，凸显了纪律差异和学业差异之间的联系。本章将为教师对学生遵章守纪方面的奖惩提供一些技巧与帮助，以利于学生的学习。

第二章介绍了制定教室规则和程序的一些方法。"奖惩是否遵守规则和程序"这一策略讨论一些具体的方法，以奖励那些遵守规则和程序的学生，惩罚那些没有遵守的学生。其中涉及如何有逻辑地思考因果关系和一贯性。对于那些过去曾经苦苦挣扎并且可能已经失去了宝贵学习时间的学生来说，本章介绍的一些技巧提供了巩固手段和强化方法，教师不必花专门的时间进行规则和程序的教学以至于剥夺学生宝贵的学习时间。如果有效实施这些方法，学生就不需要被逐出教室，也就能有助于更好地学习。切记：如果这些方法实施不当，有可能造成完全相反的结果，并对学习带来不良影响（Marzano, 2007）。强化和后续跟进手段是否有效，会隐性地对成绩造成积极或消极的影响。

→ 有效实施规则和程序的一些方法

有效课堂管理的核心在于教师的基本行为，可称之为"明察秋毫"（withitness），也就是教师具有时刻关注周围动静的能力。教师的"明察秋毫"可以让学生时刻遵守规则和程序。"明察秋毫"由四个方面的行为构成：积极预防、顾及整个教室、注意潜在问题、采用一系列阶梯式行动。

积极预防

● 学生到校之前教师就要做好心理准备，要想好哪些事情可能会阻碍教学。特定学生会不会出现人在教室心在外的情况？你会如何跟学生讲解潜在的问题？你可能需要整整一个学年才能有如此洞察力。然后，你就会明白食堂里的嘈杂环境会对某些学生的情绪产生影响，或者意识到下午才来上课的学生常常心情郁闷或者愤懑。在心理上为这样的行为或者情绪变化做好准备，才能平静而理性地巧妙处理状况。

● 努力觉察可能会影响学生行为的外在影响。想象这样一个场景：一个学生每天乘坐公交车，在公交车上常常会发生口角甚至肢体冲突。这些矛盾会波及一整天的学习。跟学生私下聊聊，明确一下在校期间学生应该有的行为，可以减少这些矛盾对一整天的学习环境的影响。倘若影响依然存在，教师要准备好在必要时化解矛盾。

● 和学生事先约定一些信号，在出现不恰当行为的时候，可以用作提醒。很多学生并非故意捣乱，只是缺少经常性的提醒。当学生看到教师发出特定信号的时候，可能会反思自己的状况并控制自己的行为，以免情况愈演愈烈。例如，有个老师在她的右手腕上戴了三个橡皮筋，她和学生约定，如果她把一个橡皮筋移到左手上，代表一次警告。学生知道这些橡皮筋就是提醒他们改正错误，并且他们明白，如果老师将三个橡皮筋都移到左手上，惩罚会升级。

顾及整个教室

◇扫视教室，注意个体和群体学生的行为。
◇与每一个学生进行目光交流。
◇要有规划地定期巡视教室的每个区域。

注意潜在问题

要尽快辨识出潜在的事端，比如：
◇课前几个学生挤在一起激烈地交谈。
◇一个或者几个学生没有参与课堂活动。
◇上课时，教师背对学生的时候，有学生说悄悄话、偷偷笑或者发出不寻常的声音。

采用一系列阶梯式行动

一旦发现潜在问题，要采取阶梯式行动立即制止不当行为。关键是不能扩大事态。通常说来，只要一个小小的提醒就能让情况回到正轨。
◇看着可能在惹事的学生，学生就知道教师开始关注自己的行为了。
◇一边讲课，一边朝有动静的地方走过去，并在有不当行为的学生边上站着。
◇如果走过去还不能制止学生的不当行为，俯下身跟他们小声说，要求他们停止不当的行为。
◇如果学生还是不听指令，教师需要停止讲课，公开应对这种行为。既要保持冷静和礼貌，向这些学生声明不改正这种行为将会带来的后果，同时，要让学生明白他们自己决定着事态的发展。

时刻关注周围动静是一种很有用的方法，可以有效确保学生遵守规则和程序。同时它也是让教师有效采用其他辨识学生是否遵守规则和程序的方法。

这些方法既可以结合观察周围动静使用，也可以在观察周围动静之后单独使用。具体分类如下：

◇言语或非言语的提醒或肯定。

◇具体可见的奖惩手段。

◇面向家庭的表扬或警示。

◇让其付出直接代价。

言语或非言语的提醒或肯定

提醒

言语提醒，使用一些话语提醒没有遵守规则和程序的学生：

◇轻声说。

◇请学生停止。

◇向学生重申相应的规则。

非言语的提醒，使用巧妙的动作提醒正在做不恰当行为的学生：

◇朝学生摇头制止。

◇轻敲桌子。

肯定

言语肯定，使用一些评价性话语称赞遵守规则和程序的学生：

◇"谢谢。"

◇"做得不错。"

◇"很棒！"

非言语的肯定，使用一些有明确信号的身体动作称赞遵守规则和程序的学生：

◇微笑。

◇点头。

◇挤眼。

◇击掌。

具体可见的奖惩手段

具体可见的奖惩手段涉及具体的奖励或惩罚。这些奖惩手段可能包括一些特权、活动、物品，用于激励学生的积极行为或者制止消极行为。"欢乐星期五"活动、让学生有机会做科学实验、和老师共进午餐、日常表现记录表、积分券都可作为表彰形式，具体奖惩手段实例请参阅表3.1。马扎诺提醒此类方法最有可能被滥用。如果使用这些手段时不对奖惩理念加以说明，这些手段就会变得无意义。另外，奖励措施不应该被用作或者被学生视作对学生的贿赂（Marzano & Pickering，2003）。最有力的奖惩是奖励积极行为或消除消极行为。具体的实例有：

● **积分券制度**。学生有积极行为或者停止消极行为的时候，可以获得一张积分券。学生有积极行为的时候，教师奖励积分券；学生有消极行为的时候，教师收回积分券。如此使用积分券看来是最有效的。

● **达标记录表**。当学生努力达到一个行为目标时，就在记录表中记录这个目标。每次因为达标而被表扬，在记录表中就可以得到奖励标记。这个方法可以激励学生持续努力达到设定的目标。

● **小组表扬或警示表**。这些方法和具体的奖惩手段类似。它们包括对恰当行为的某种形式的表扬。奖惩对象是群体学生，而非个体。在对群体警示时，如果群体中的每一个成员都达到某项行为规范，那么警示是最有效的。

面向家庭的表扬或警示

面向家庭的表扬或警示就是让家长参与管理过程。研究表明，让家长参与其中，使之为学生的积极行为或消极行为所产生的结果进行强有力的干预，这种干预十分有效，证据来自对学生的调查。学生认为下述奖励或震慑手段很有效果（Marzano，2007）：

◇教师电话联系父母。

◇教师电邮联系父母。

◇家校联系单。

◇奖状。

表 3.1　具体奖惩手段实例

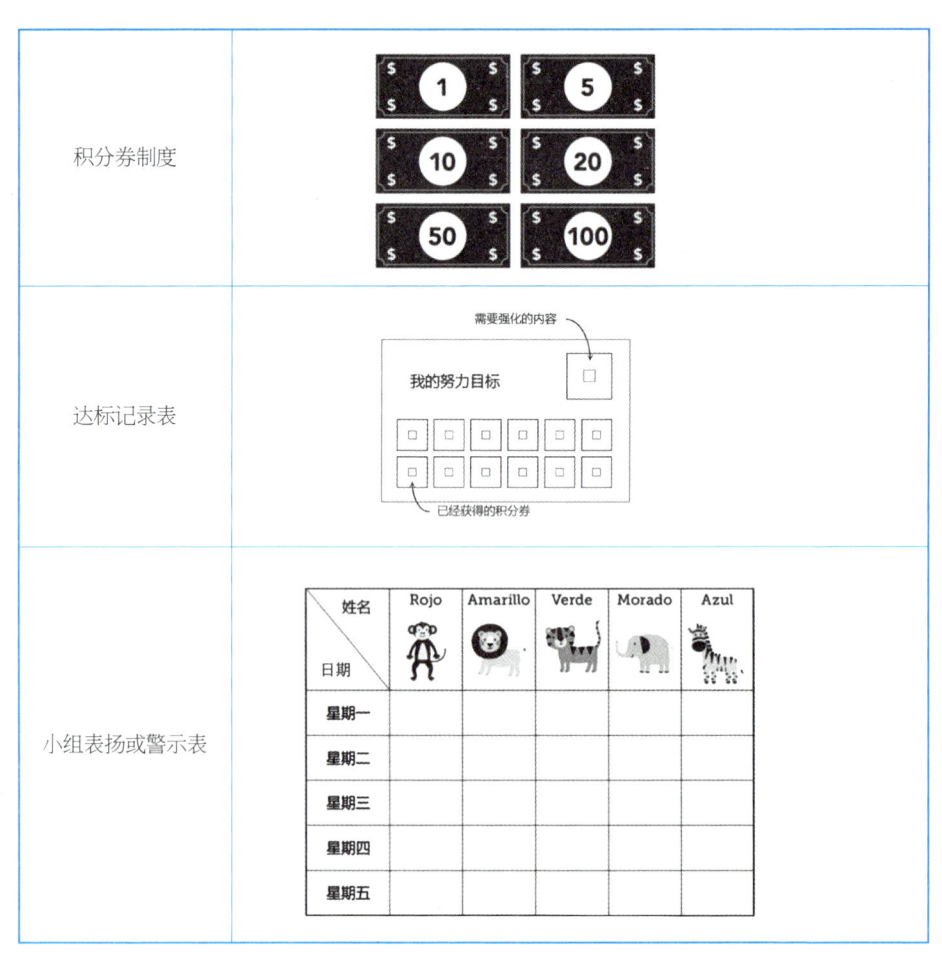

积分券制度	
达标记录表	
小组表扬或警示表	

让其付出直接代价

学生需要付出直接代价往往是因为他们没有自律能力。如果在教师指出的情况下，消极行为还是没有得到控制，付出直接代价是学生需要承担的后果（Marzano，2007）。

◇限时段驱逐。在设定的时间段内，禁止该学生参与教室中的活动。

◇全面纠正。要求该学生不仅纠正自己的不当行为，而且要让他想办法将一切回归正轨。

奖惩是否遵守规则和程序时需要避免的常见错误

在制定规则和程序时没有列出相应的奖惩结果

如果没有列出奖惩结果，规则和程序在学生看来就没必要或者不重要。预先告知规则和程序的奖惩结果，可以向学生明示这些举措对于学习的重要性。学生应当明白，这些奖惩结果不仅为课堂保驾护航，而且也有利于学习。奖惩结果可以清晰地表明规则和程序是保护他们学习环境的必要组成部分。

预先告知了奖惩结果，却没有强化或有失公允

如果奖惩的结果没有被强化或者没有被始终如一地贯彻，其为学习保驾护航的作用就降低了。一条规则或者程序实施之后，就需要经常性地被执行，以达到强化的效果。如果缺乏正面或者负面的强化，就有可能导致学生不再遵守。

例如，在某课堂活动中，教师禁止学生在未经提问时就随意喊出答案来。如果执行这条规则的时候，前后不一，那么课堂就会变成下面这样的景象。

> "同学们，我现在要抽取学生回答问题了。有时候，我会让你们和同伴交流，然后再发言；有时候，我会从姓名卡中抽取你们的名字，然后回答问题。请不要随意开口回答问题，这样大家都有机会。现在，请思考分数四分之一。假设用圆形来表示四分之一，这个圆会有几个部分？其中阴影部分有几个？"

> 教师还没让同桌交流讨论，坐在小组最前面的一位学生就喊出了答案。教师看了看他，但是没有做出应有的反应。
>
> "对的，拉里，但是我希望接下来能让别的同学有机会回答问题。"
>
> 教师又提出一个问题，但是这次被马迪抢着回答了。这次，尽管明显违规了，但是教师还是没有处理好。"马迪，我很欣赏你的热情，并且你的答案是正确的。但是我真的很想抽取一位同学来回答这个问题，这样大家都有机会。"
>
> 教师第三次提问并且想避免学生抢答，但是路易斯还是抢答了，但是答错了。"不对，路易斯，不是这个答案。我已经跟大家讲过好几次，不要抢着回答。路易斯，你现在得回到自己的座位上去。"

当时，路易斯以及全班学生都可能会很困惑，前两次有学生抢答了，却不需要承担后果。然而，当路易斯抢答时，却被老师要求回到自己座位上。因为老师处理事情前后不一，路易斯很有可能不知道自己是因为抢答还是因为回答错误才被老师要求回到自己的座位上。

奖惩结果和规则强化之间不平衡

如果奖惩结果和规则强化之间不平衡，学生会觉得教师对消极行为的重视程度高于积极行为。要以相同的态度重视正面强化，这样有助于学生明白积极行为的外在表现和内在含义。如果学生能看到积极行为，并因此受到表扬，他们就更有可能开始或者继续这种行为方式。另外，对积极行为的关注会增加他们"照着做"的欲望。马扎诺（Marzano，2007）引用古德和布罗斐（Good and Brophy，2003）的文章，强调："越来越明显的是，强化的效果取决于所使用的强化手段的性质和实施的方法，尤其是后者。"

下述例子中，教师采用了具体可见的奖惩方法，且使用了和前一例类似的数学课教法。教师已经提醒学生会使用姓名卡进行提问，并且将要和学伴开展讨论。

> "开始之前,我要提醒大家,在这个活动中,你们有机会赢得或者输掉奖币。请看好,我这里有大家的姓名卡。我会从姓名卡中挑选学生来回答。有时候,我会请你和学伴讨论,讨论之后再进行回答。请不要随意喊出答案,这样大家都有机会。请大家思考一个分数——四分之一。请想象一下如何使用一个圆形来表示四分之一,整个圆需要分成几个部分?有几个阴影部分?"
>
> 教师还没来得及请学生相互讨论,前排有个学生就喊出了答案。这次,教师并没有放过违规的行为。"拉里,你的答案是正确的,但是我对你失望了,因为你随意喊出了答案。现在你得给我一个奖币。"拉里交给教师一个奖币。教师问第二个问题,这次麦迪抢说了答案。麦迪要面对和拉里一样的结果,她必须交回一个奖币。提出第三个问题的时候,教师注意到路易斯在座位上蠢蠢欲动,但是路易斯克制住自己不随口抢答。巧合的是,教师从姓名卡盒子中抽到了路易斯。路易斯说出了答案。"路易斯,你的答案完全正确。谢谢你能等候老师叫你的名字。"

但是,教师并没有给路易斯奖币。这说明了负面结果和正面强化不平衡。学生就会觉得只有负面惩罚没有正面奖励。

教学和强化意动技能的时机

负责任地开展互动

本章所述的方法如果得以有效实施,可以支持和强化学生进行有效的互动。使用这个新技能,可以提升学生的自律能力,引导他们的行为向有利于学习和互动的方向发展。

当教师继续制定规则和程序时,会认识到奖惩是否遵守规则和程序也影响到有效互动实现的效果。回顾上一章的实例,教师要求小组学生给对话增加"宝石"。其间,教师采用了多项方法来识别学生是否遵守规则和程序。

她清点还没用掉的"宝石",并倾听和参与学生的对话活动,通过这样的方法有效地监控学生是否能负责任地开展互动。

> "很好,汤姆斯。你给对话增色不少。嘉美针对两个角色的交流谈了自己的感受,你在评述她的分享的同时也能有礼貌地分享与之不同的观点。别忘了在自己的罐子里面放一枚'宝石'。"
>
> "卡特琳娜,我看到你前面还有很多'宝石'。我要提醒你,每个人都应该参与讨论。同组的小伙伴相互提醒一下,确保每个人都有机会参与。卡特琳娜,请分享一些你的'宝石'。"

在中学阶段,一旦学生学习了小组互动中的规则和程序,教师就可以将他们的注意力引导到学习重点图表(又称"锚图")上,或者口头提示他们要负责任地开展互动。

避免消极思维

本章论述的策略是激励学生尽力遵守规则和程序。注意对遵守和不遵守规则和程序的认识,可以为学生创设一个积极的环境。在这种环境中,行为管理对所有学生来说是一种积极的体验。学生会逐渐认识到规则和程序的存在是为了提升他们的课堂体验,而不是为了抓住他们的不当行为。

如果使用了本章列出的方法,学生就会希望自己因为遵守规则和程序而得到称赞,也会明白不遵守规则和程序就应当受到惩处。无论学生是因为遵守而得到称赞还是因为不遵守而受到惩处,教师都需要推进积极思维。学生在遵守规则和程序的时候,积极思维很容易做到。但是,在学生违规乱纪的时候,教会学生避免消极思维,更会让学生受益。

其中一个方法是发送家校联系单或者家访向家长陈述学生情况。如果这个方法只在学生违反规则和程序的情况下使用,学生就会养成消极思维的习惯。"爸妈唯一能听到我在校情况的时候,就是我在校捣蛋的时候。难道我不能做好事情?"

相反,要确保定期发送家校联系单,指出学生表现良好之处。这样,即便必须指出学生不遵守规则和程序的地方,也会因为交流内容有平衡而更容易培养积极思维。

> 尊敬的家长/监护人:
> 　　本周即将结束,我想要和你们分享布伦达本周的一些亮点。本周,我班举行了许多集体性的活动,可以明显看出,布伦达一直努力遵守规则和程序。需要发言的时候,他会遵守我们的规定,这点他做得非常好。我也注意到布伦达在小组活动或者个体活动的时候,还是会有点分心。因此,我建议布伦达继续努力,在小组讨论的时候更加积极地参与,并专心致志完成任务。

在这个情境中,如果想帮助布伦达避免消极思维,在措辞时,要力求"启心促行",教师可以和布伦达一起阅读家校联系单的内容。如果教师向布伦达说明,自己为布伦达的某项成就而感到骄傲("启心"),并且相信布伦达在有些方面能做得更好("促行"),那么,即便需要将他违反规则和程序的行为通知其家长或监护人,对于布伦达来说依然是一次正面经历。

奖惩遵守规则和程序的正例和反例

小学正例

在一个四年级的班级中,教师采用了积分券的制度。在班中,教师已经讲明了什么时候会获得积分券,什么时候会失去积分券。在每周的开始,教师会和学生回顾积分券的使用规则,如下表3.2。

表 3.2　积分券的使用规则

孩子们，我要提醒大家关于积分券的使用规则。每天，你们都有很多次机会获得积分券。		
这样做，我能获得积分券：		
	奖	坚持完成任务
	奖	遵守规则和程序
	奖	尊重他人的情感，爱护他人的财物
	奖	在小组活动的时候，遵守行动指令（整个小组都能获得）
这样做，我会失去积分券：		
	惩	不遵守规则和程序
	惩	不尊重他人
	惩	在小组活动的时候，不遵守行动指令（整个小组都不能获得）

　　这个表格贴在墙上，教师指着表格进行解说："一天中，每位同学在每节课或者每个时段中最多可以收获一张积分券。但是，在同一个时段，你可能会失去不止一张积分券。这是因为，如果不停地破坏规则或者完成任务时心不在焉，就会对其他同学造成干扰。记住，你们需要积攒这些积分券，每学期末就可以到宝贝区换取宝贝。"

　　每半个学期末，学生可以使用自己积攒的积分券到教室的宝贝区换取物品。学生都知道，每天都有可能争取获得几张积分券，小组活动的时候也能挣得。每个学生都能因为遵守规则和程序而收获积分券。有时候，各个团队会进行一些特定的任务，同样，也会被告知进行相应的行动或者取得成果也会得到积分券。

在这个案例中，有三位学生没有遵守其中一条基本规则。这条规则是：为保证大家安全，在教室中只许走不许跑。在一个活动中，布置学生去为自己小组取活动材料。三位学生取了材料之后，就跑回自己小组，手上都拿着剪刀，对自己和他人都构成了危险。教师立刻严厉制止了跑动的学生。

> 大家停一会儿，我们来讨论下这条规则："教室里面只许走不许跑。"为什么这条规则很重要？

刚才拿着剪刀跑动的一位学生回答："是为了保证大家的安全，包括我们自己的安全。"

> 我必须请你们三位同学各交回一张积分券，因为你们破坏了一条教室规则。今天你们还有机会赢得更多的积分券。如果你们记得遵守规则和程序，就还有希望得到积分券。

学生被要求交回积分券的时候，他们能理解要求并立即执行。其他学生都能遵守规则和程序，所以就不会失去积分券。这一天中，还有其他布置的任务可以让各个团队赢取更多的积分券。他们也记住了，以后如果不遵守规则或程序，就得交回积分券。

在这个例子中，学生认识到针对规则和程序的奖惩是平衡的、常规的。积分券的获取和交回可以被预见并且被公平对待。

小学反例

和上述使用积分券制度的案例一样，三位学生拿着剪刀在教室中跑。其中一位女孩很难坐在座位上，课堂上已经随意发言好几次。当她回到座位后，教师要求她上交积分券。

> 我注意到你拿着剪刀跑动了。我们教室的规则之一是：教室中只许走不许跑。我想你是知道的，你必须交回一张积分券。

但同一天，之前这个学生随意发言，随意走出座位在教室中走动，还违反过好几条规则和程序，都没有交回积分券。接着，教师又把注意力转向另两位在教室中跑动的学生。

> 你们破坏了规则，我感到失望。我本应该收回你们的积分券，不过，今天我还没有批评过你们，所以现在我暂时先只是警告你们一次。然而，其他同学都没有破坏规则，所以他们都可以获得一张积分券，但是你们得不到。

在这个案例中，在学生看来，积分券的运用不均衡而且无法预测。他们无法将他们的行为与结果进行对应的量化关联。只有一位学生因为违规受到了惩罚，其他两位只是被警告一下就被放过了。全班其他学生都得到了积分券，包括那些没有去拿活动材料的学生。被收回积分券的学生，她前面的违规行为都没有受到惩罚，并且没有被收回积分券，所以她根本无法预测这次违规会导致这样的结果。相同的行为却导致前后不一的结果，她就无法理解为何其他违规行为不会被收回积分券而这次却被收回。而且她也无法理解为何另外两位在教室中跑动的学生的积分券又可以不被收回。这样的积分券制度既无法让学生预见结果又导致不公平，无法取得效果。

中学正例

在一个高中生的课堂中，教师注意到了教室后面的一个小组。他们在说悄悄话，而且发出笑声，扰乱了课堂。为了不中断上课，教师最初只是与学生进行眼神交流，让他们明白教师已经注意到他们了。过了会儿，他们停下来了。

又过了一会儿，这组学生又开始聊天了，导致其他学生都看着他们。教师一边授课，一边朝他们组走过去。教师走近学生，是为了在不中断上课的情况下制止他们的行为。既然他们无法完全领会教师眼神交流传递的信息，走近他们是教师的行动升级。

当这组学生再次扰乱课堂秩序的时候，教师暂停了上课，开始直接指出他们。

> 我已经注意你们一段时间了。你们自己可能没有意识到，但是你们的讨论已经干扰了其他同学，分散了听课的注意力。如果你们继续这样的行为，你们小组就会被拆散，每个人将不得不独自完成作业。

这些学生意识到面临的后果，所以这堂课后来没有被再一次打断。整个过程中，这些行为每一次都被及时阻止。通常情况下，只要简单的眼神交流，学生就知道教师开始注意到他们了，也知道其他学生的注意力被他们分散了。当确立这样的有效关联后，常常只要简单的行动就可以阻止这种行为。第六章将对此做进一步论述。

中学反例

在相同的课堂中，有一些学生说笑，扰乱了课堂秩序。教师没有试图在不造成干扰的情况下纠正这种情况，而是直接喊出了这个小组中一位学生的名字。全班学生的注意力都被吸引到了这个捣乱的小组。每个人都无法继续进行学习任务了。继续上课的时候，这组学生又开始聊天。这次，教师开始提高音量，针对他们整个组发话，要求他们停止讲话。教师指出他们正在扰乱整个课堂，并有可能面临严厉的惩罚。当这个小组又一次说话的时候，教师生气了，开始朝他们吼叫。全班学生都无法专注自己的学习任务了。这一次，教师将这些学生移送到政教办公室。她必须花时间写移送通知书，并且将整件事情的情况写清交给政教管理人员。她很生气，在这些学生离开教室的时候，她告诉他们浪费了上课的时间。

通过这个极端的例子可以看到，如果没有采取阶梯式行动，课堂上会发生什么。结果就是教师失去耐心和镇定，课堂失去了教学时间，扰乱课堂的学生错过了一整堂课。阶梯式行动的目的是在纷扰升级前阻止学生的行为，不至于扩大事态。

监控规则和程序的奖惩措施是否达到预期结果

如果得到有效实施，奖惩措施可以让学生遵守规则和程序。下述方法可以帮助教师确定学生是否遵守规则和程序。

表扬遵守规则和程序的行为

表扬遵守行为规范的学生，让他们继续遵守。这需要不断地监控和始终如一的表扬。可以考虑使用下述语言：

◇ [学生名字]，很喜欢你能做到＿＿＿＿＿。感谢你能遵守规则。
◇ [学生名字]，我注意到你能够＿＿＿＿＿。谢谢你。
◇ [小组名称]遵守了规则，你们能够做到＿＿＿＿＿。

在给了奖励品之后，要观察学生的行为，确保他们继续遵守规则和程序。重要的是要关注学生获得表扬之后是否能继续坚持积极行为，从而确定是否需要进一步的行动或者表扬。

发出家校联系单后，也要确认学生是否能继续遵守规则和程序。对于有些学生来说，家校联系单是一种强有力的认可，而对另一些学生来说却没什么影响。监控学生行为一致性，有助于确定此方法的有效性。

惩戒违反规则和程序的行为

学生捣乱或者不遵守规则和程序时，教师要警示学生。教师要继续巡视，确保不良行为不会继续。教师要意识到自己的反馈行为可以影响到学生，这将有助于构思下一步行动和惩戒形式。

学生被停课一段时间之后，教师要观察停课是否能纠正学生的不良行为。这个方法并非总是有效，因此，一旦实施行动，监控学生的行为是很重要的。下列自查性问题可以帮助教师确定这个技能是否有效。

◇不良行为是增加了还是减少了？这有助于确定停课措施是否带来与预期相反的效果。如果不良行为增加了，继续自查下列问题。

◇批评是否看起来阻碍了学生的学习？有时候，对于所有学生来说，被禁止参加一项活动都有负面影响。有很多时候，某些学生可能巴不得自己被赶出教室或某堂课，这样做的原因有很多。教师需要继续核查。

◇不遵守规则和程序的情况发生在何时？是偶发性的，还是在一天当中的特定时段发生的？如果这种行为发生在同一节课或一天的相同时段，就该细究一下。

◇学生是否在努力学习？有时候学生的行为会"出格"，只是因为他或她正在努力搞清楚学习内容。如果在这种情况下将学生请出教室，对他或她是不利的。

请参照学生熟练程度量表（表3.3）以确定您使用本策略的熟练程度。本量表可用于确定针对本项策略的落实情况。"预期达标"一列阐述使用本策略所希望达到的结果，而"新手入门"和"基本掌握"呈现了使用该策略的一个发展过程。

表3.3 用于奖惩遵守或违反规则和程序的学生熟练程度量表

条件	新手入门	基本掌握	预期达标
奖惩遵守或违反规则和程序	制定规则和程序并告知学生	规划并实施奖励遵守规则和程序的行为，规划并实施惩处违反规则和程序的行为	认识到奖惩的预期结果是学生能遵守这些规则和程序

开展支架教学和拓展教学以满足学生的需求

在教学过程中要根据需要进行调整，以确保学生能遵守规则和程序。这些调整取决于正在使用的方法，并能提供一些学生需要的支持、扶助，以便达到预期结果。

支架教学

◇有些学生可能不为奖惩所动，教师需要提供能达到目的的其他手段。
◇张贴一些图表，向学生展示可视化的奖惩要求。
◇使用家校联系单时，要让家长明确理解其中的正面内容。
◇提供言语或非言语的支持。

拓展教学

◇学生了解积极参与活动的一些奖励方法。
◇学生能说出来为什么具体可见的奖励能促进他们学习。
◇家访。
◇学生能描述一种行为会导致的结果。
◇针对纠正过度的行为，学生能提出一些建议。

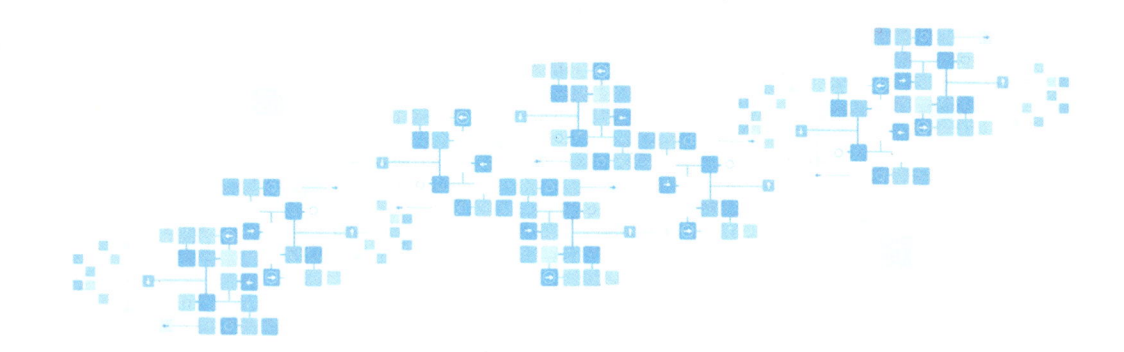

第四章 当学生游离课堂时使用的参与策略

精准教学的两个首要条件是聚焦规则与程序的制定，以及学生违规处罚的运用。通常假定，如果学生遵守规则和程序，他们就处于参与状态。参与可以被定义为对任务高度专注的行为（Fredricks et al., 2004），其中的任务要求如下：

◇难度恰当——既不简单乏味，也不难到不切实际。

◇落实要求——学生需要付出一定的努力来完成。

◇颇有价值——学生获得新的知识和技能，其对学生成功完成更复杂认知要求的任务至关重要。

当然，参与包括学生的专注行为，但真正的参与要求学生积极并成功地参与学习。学生应沉浸于课上的内容，积极参与学习，而非简单地遵循指令和走过场。有意识地参与是精准教学的关键条件；换而言之，学生的参与是学习的首要条件。

让学生从一开始就参与进来，需要精心设计课程，预估学生可能会失去专注的环节，并特别关注那些对专注学习始终有困难的学生。要想让学生参与进来，需要教师立即采取一系列行动。一旦学生因任何原因游离课堂，教师应该改变教学方式，重新集中他们的注意力。

你可以提前预估班上的哪些学生参与时有问题，并为他们有意识地安排合适的方法，但你并不能预估所有。因此，重要的是在你的教学工具箱中应备足各类即时参与策略，尽快让学生参与进来。这种快速反应要求参与策略的大量实践应用，一旦需要，它们就会自动生成。这就像学习开车一样，首先，你也许已经阅读或学习了驾驶的基本知识。然后，在学驾驶阶段，你在经验丰富的教练指导下练习开车。在这些早期阶段，你也许缺少在驾驶、刹车和发信号的同时细看环境中潜在问题的自动性、准确性和融合性。当你首次设法通过改变教学方式和强度来管理教学流程，同时从你全部的储备中选择一个吸引学生参与的动作的时候，你会感到类似的困难。但是，只要有时间、耐心和毅力，你就能掌握这些策略，以便在需要的时候使用。

从一节课到另一节课，从一个课堂到另一个课堂，学生缺乏持续的参与，久而久之，其学业取得成功的可能性就降低了。不遵守规则和程序的学生可能会逐渐变得心不在焉，有时甚至与学习脱节。事实上，当学生并非有意识地参与学习的时候，他们似乎持续不守规则和程序。教师应该既监控学生的纪律，又监控学生的认知参与程度。据上所述，学生的参与是学习的首要条件。表 4.1 显示的是学生参与学习的正例和反例。

表 4.1 学生参与学习的正例和反例

当学生……他们做到了认知参与	当学生……他们没有做到认知参与
为了特定目的，阅读符合他们独立阅读水平的文本	在班级中或作为小组成员安静地观看其他人做什么
作为一个小组的参与者和伙伴交谈，或者作为班级讨论的一员做班级陈述	当问题太难的时候，假装参与
在纸上或白板上写下回应	被动地听，或刻意地模仿别人听
用肢体语言或卡片对一个问题做出回应	在课本的循环阅读中，等候轮到自己
作为读者剧场的一员进行表演	假装忙着或不动脑筋地完成课堂作业
思考答案，然后说出他们是如何得出答案的	在白日梦或睡觉中悄无声息地浪费时间
在精心设计的学术进程中练习离散技能或者复述内容	盯着打印的文本发愣，假装阅读超出他们理解难度的文本
在默读中，用黏性标识对文本进行编号，标注他们对作者有疑问的地方	搜索单词，包括本周拼写过的单词
跟随老师和全班同学一起制作信息组织图	听老师讲课超过十分钟，无任何机会对知识进行加工（或回答）

来源：经允许采自 McEwan,2012。

➡ 当学生游离课堂时有效实施参与策略的方法

游离课堂的学生有两类：（1）因各种原因持续游离学习任务的学生；（2）暂时游离学习任务的学生。吸引暂时游离学习任务的学生参与到精心设计和有效实施的课堂环境中，仅需要采取一些及时的行动来吸引学生的注意。但是对于始终游离学习任务的学生，无论什么原因，都需要更严格的干预。学生游离学习任务的原因有很多，教师应该努力了解困扰的症结，并选择正确的方法纠正。重新吸引学生的一个重要方法是，教他们四个帮助解释参与的问题：我的感受如何？我感兴趣吗？这重要吗？我能做到吗？（Marzano，2012）

我的感受如何？

学生要全身心地参与任何学习活动，不仅需要身体舒适，也需要心理上的安全感。学生的感受情况有可能影响整个教室的活跃程度。学生对同伴和教师的接受程度对他们在课堂中的参与程度起着重要作用。正如第三章所讨论的，积极和消极结果的平衡组合应该被用来加强正确的行为。如果学生经历更多、更频繁的负面影响，他们可能会变得退缩和游离。

健康和营养也可能会影响学生在课堂的感受。总的来说，缺乏锻炼的学生、患有未确诊疾病的学生、服用了不适当药物的学生，或者没有得到适当干预的学生，都有游离学习的危险。营养是影响学生感受的一个因素。摄入低营养的食物会对认知过程产生负面影响，会影响参与度，进而影响学业成绩（Jensen，2009）。詹森（Jensen，2009）的结论是，身体、心理和情绪健康对参与和学习有支持作用，相关健康因素的存在对认知和行为有显著影响。

除了健康和营养，其他因素也会影响学生的身心感受。课堂上的兴奋和活跃程度会影响学生的情绪。长时间坐着会减缓血液循环和氧气进入大脑，身体状态不佳，这可能会对参与产生负面影响（Sousa，2011）。无聊和疲劳也会对学生的学习产生负面影响。

我感兴趣吗？

学生的兴趣在参与过程中起着不可或缺的作用。通常，如果学生对某个概念感兴趣，认知参与度就会很高。课堂教学的目标不仅仅是教授内容，而且要用让学生与学习情境相联系的方式来教学。如果授课教师对学生了解不多，那么将教学内容与学生的价值观和兴趣联系起来就会相当困难。在本书的第五章，我们将讨论建立和维持有效的关系的重要性，这不仅增强了对课堂环境的管理，而且提升了教学质量和反馈效果。

2007年，印第安纳州立大学（Indiana State University）引用了雅兹－明茨（Yazzie-Mintz）的一项研究，该研究的结论是，对于相同的学习内容，报告显示学生的参与度存在差异。因此，学生对学习内容的感兴趣程度从语境开始。如果内容的呈现方式与学生的日常生活没有本质上的联系，那么学生可能难以融入。例如，如果学生从未去过迪士尼乐园，不知道它在哪里，那么提及迪士尼乐园，意在吸引学生并让他们兴奋起来的做法可能会起到相反的效果。老师需要确保学生能对陈述产生共鸣。如果由于背景的不同，并非所有的学生都能以相同的方式理解内容，教师在呈现内容之前应该提供一个情境（视频、图片或故事）。情境将创造公平竞争环境，让所有学生都能平等参与其中。

这重要吗？

创造学习的相关性和重要性是一门艺术。正如情境可以提高学生的兴趣一样，情境也可以帮助学生认识到内容的重要性。但是激励学生重视教育并不总是那么容易。学生进入课堂时有着不同的背景，这最终会影响他们对特定主题的重视程度，甚至对教育的重视程度。虽然一些学生拥有一定程度的、可以创造参与的内在动机，但是很多学生没有。没有内在动机的学生可能看不到学习内容的重要性，内容不能满足他们当前的需求或他们对未来就业的期望。学生可能会问："这对我重要吗？""我为什么需要知道这些呢？"教授没有学习积极性的学生的时候，有必要创造一个情境，让学生相信，现在这个内容适用他们，并且未来他们将会使用它。

我能做到吗?

学生必须能够理解和想象自己的长远潜力，必须认识到学习的内容对他们和他们未来的需要是重要的和适用的。首先，学生需要相信他们有能力完成手头的任务。心理学家阿尔伯特·班杜拉（Albert Bandura，1991）将自我效能定义为相信自己有能力在特定情况下取得成功或完成一项任务。那些倾向认知困难的学生更有可能因为内心对自己能力的怀疑而在课上变得心不在焉。虽然自我效能感是内在生成的，但教师运用精心策划的方法可以改变学生对自身能力的认知。随着教师课堂教学复杂性和自主性水平的提升，学生如何回答"我能做到吗？"这个问题，对他们如何处理任务和挑战起着重要的作用。

当老师意识到学生缺乏参与感时，她应该首先确定以上四个问题中哪个对学生的参与有负面影响。马扎诺（Marzano，2007）提出了以下方法来保持学生的参与。这些参与策略的关键要素是对内容的不懈强调。"参与"并不像传统定义的那样，集中注意力或专注于任务。参与必须始终服务于认知内容；换句话说，作为教师，我们的目的是让学生专注于思考严谨的内容。这个重点为学生在游离课堂时选择合适的策略提供了深刻的见解。

➡ 确保学生参与的方法

在制订教学计划时，保持学生的参与度是一个需要考虑的重要因素。计划在课程的不同部分使用特定的方法会使学生游离课堂的可能性降到最低。然而，如果学生确实变得心不在焉，为这些方法建立一个即时活动资源库也是很有帮助的。对于下面的方法，有一些具体的活动需要提前计划，也需要临场技能。

明快的节奏

保持精力充沛、节奏明快。保持活动的持续，避免干扰。节奏不仅在课堂的推进中很重要，在过渡环节也很重要。

预先计划的方法

● 汇智场：为了避免放慢课程的进度，让学生在便利贴、图表纸或黑板上写下次要问题或主要问题，以便之后处理。

● 及时过渡：经常在活动之间使用逻辑的、决定性的和有效的过渡。

临场方法

● 调整：加快或放慢课程的节奏，以满足学生参与的需要。

肢体运动

体育活动增加了大脑毛细血管的数量，增加了血液中的氧气含量。大脑使用氧气作为"燃料"。血液中的氧浓度水平与认知能力水平相关。即使是短暂的中等强度的体育活动也有可能改善大脑功能（Sousa，2011）。虽然体育活动可能无法解决学生面临的所有健康和营养问题，但它将有助于提高氧气摄入量和提升认知参与水平。

预先计划的方法

● 身体演示：要求学生用他们的肢体动作简单地演示某一主题的重要内容、术语或关键环节。

● 移动表决（见图4.1）：将问题的可能答案分配在教室的不同区域，让学生移动到代表他们所选答案的教室区域。然后，让学生解释为什么他们认为所选的答案是正确的。

$$5.7 \times 10^6 \qquad 5.7 \times 10^{-6}$$

0.0000057 用公式符号怎么书写？

图4.1 移动表决（老师把海报贴在墙上，学生站在他们认为正确的那一边）

临场方法

● **分享和伸展**：让学生站起来活动，找一个伙伴来分享学习内容和创意，以增加课堂活力。

积极的行为

一个老师的积极态度会使学生对一个话题表现出高度的热情。对于那些在家庭生活中受到训斥多于正面评价的学生来说，积极的态度会减轻他们的压力和不安全感。

预先计划的方法

● **个人故事**：通过个人故事的讲述，分享见解和现实生活与学习内容的联系，使学习信息易于获取，帮助学生获得新的视角。

● **幽默**：将有趣的标题、淘气的引用、搞笑的问题、卡通动画和故意的错误幽默地整合到学习内容中。

临场方法

● **语言和非语言信号**：通过你的音量、语调和对特定单词和短语的强调来传达兴奋、兴趣、激情和内容的力量。暂停下来建立预期。在教学过程中，微笑、手势、在房间里走动等都可以影响学生的参与度。

益智游戏

益智游戏和低难度的竞赛往往会激发学生的兴趣。这些游戏往往包含学生想要寻找的缺失信息，这使得他们对主题感兴趣。

预先计划的方法

● **设问**：将内容信息放到一个矩形表格中，上面是基于内容的类别，下面是渐进式的得分点值和难度级别。将学生分成几个小组，请不同的小组选择一个得分点值和相应的内容提示。然后各组以问题的形式回应提示。如果问题是完整和正确的，奖励积分，团队赢得下一轮。如果问题不正确或不完整，对方组有机会提供正确的问题。参见表 4.2。

表 4.2 "问题是什么"评分表

分值	内容类型			
	科学	数学	语言艺术	运动/艺术
100				
200				
300				
400				
500				

● **找非同类项**：创建三组或三组以上单词同类项，其中一个单词和其他不同。请学生独立完成或小组合作找出不属于同类项的词，并写出他们认为它不属于同类词汇的原因。

临场方法

● **问题竞赛**：由人数相等的学生组成不同的小组，或让学生独立完成。提出问题，以便学生可以与小组成员讨论或单独完成，记录他们的答案。分享答案给每个学生或小组，答对最多的团队或学生赢得比赛。

友好争论

友好争论是另一种吸引学生兴趣的方式。当一名学生的想法、信息、结论、理论或观点与另一名学生不一致，并试图达成一致看法时，争论产生。没有必要关注那些极具争议的话题，可以从一些无关紧要的小事开始，比如让学生分享他们对课上阅读内容的观点。由于观点不同，争议仍然存在，但争议并不大，不会妨碍教学或引起争辩。

预先计划的方法

● **公民大会**：要求学生在公民大会上扮演指定的角色。公民大会的形式允许学生从多个角度处理一个复杂的问题。这些角色应该基于最可能对新政策或问题有强烈看法或受其影响的人或群体。学生根据指定的观点进行辩论，老师进行调解。讨论结束后汇报，并要求学生评价自己的表现和讨论的整体情况。有关事例，请参见表4.3。

表4.3　公民大会矩形表

公民大会	
主题	××市是应该加强当地的基础设施建设以支持旅游业，还是应该保护当地的生态或文化资源？
仲裁	克雷斯波先生（老师）
发言人1（支持基建）	
发言人2（反对基建）	
发言人3（小企业主）	
发言人4（生态学者）	

● **课堂投票**：在教学过程中，就某一争议、问题或政策介绍不同立场的要点。让学生选择一个立场，通过合作进一步研究问题并总结观点。要求小组轮流陈述与他们的立场相关的事实、观点和看法。学生可能会被最后的讨论所左右而改变立场。最后，请学生反思导致他们现在对这个问题看法的思考过程。

临场方法

● **相反的观点**：要求学生从他们认同的观点中为相反的观点辩护，以帮助他们探究特定主题或问题的细微差别，并加强提供证据支持某一主张的过程。

独特或有趣的信息

呈现独特的信息，尤其是介绍新的教学内容时，会激起学生的学习兴趣。独特的信息可激发学生的好奇心，并鼓励他们进一步参与主题或活动。

预先计划的方法

- **演讲嘉宾**：在演讲嘉宾分享他们职业生涯中的经验时，邀请学生聆听所学内容在现实生活中的应用。

- **教师呈现有趣信息**：分享与教学内容相关的有趣事情或生活琐事，以吸引学生的注意力。

临场方法

- **推文**：要求学生用140个字符或更短篇幅分享他们所发现的关于某个主题的最不寻常（真实）的信息，并添加一个主题标签。

连接学生生活

连接学生生活为学生的学习内容和任务创建相关性。（与学生生活相关的资源，见附录A）

预先计划的方法

- **认知复杂任务**：鼓励学生将知识和技能应用于新情况或实际应用。当学生被挑战利用他们学到的信息来解决问题、做出决定、开展调查，并对现实世界的问题创设假设时，他们更有可能感到自己所做的事情是重要的。

临场方法

- **为学生提供选择的机会**：为学生提供选择的机会，让他们知道自己在做什么或如何展示他们的理解，也会让他们参与进来。为学生提供选择的机会也可以提升学生内在的学习动机、完成任务的效能及学习的主动性。

使用明确的学习目标

专注学习，学生必须相信自己有能力在特定的情况下取得成功。这种信念是自我效能的核心。使用明确的学习目标可以让学生了解他们的学习方向。只要有目标，他们就会为之而努力（关于目标的更多信息，参见《学习目标和学业表现量表》，Moore et al.,2015）。

预先计划的方法

● **跟踪目标的进度**：创建一个例行程序跟踪学生的学习进度，让学生看到他们的成长。跟踪目标的进度创造了一种环境，在这种环境中，学生会对"我能做到吗？"的问题有积极的回应。个人目标激励学生参与。随着时间的推移，成就感支持学生持续参与。明确的期望和确认的小成就是对成功的认可，使用这些将有助于提升学生的参与度。这些工具将帮助你和你的学生通过课程和单元聚焦教学的进展（Moore et al.,2015）。

临场方法

● **使用有效的语言反馈**：使用有效的语言反馈可以帮助学生改正错误，使他们感到成功和有能力。当学习成果通过一系列学习目标以量化形式清晰呈现出来时，教师能够关注学生在学习中的关键细微差别，从而促使他们提供有针对性的标准进行参考反馈。相应地，学生也不太容易游离学习任务，或完全脱离学习。

● **提出适当的问题**：帮助学生在他们不懂的情况下提出适当的问题，并就反馈提出问题，这对于提高学习效能和参与度非常重要。这始于明确的预期。学生不仅要了解学习目标，还要了解学习的依据。这些预期为学生创设了提出适当问题的机会，从而促进学生的成长和持续参与。

当学生不参与学习的情况下，使用参与策略应避免的常见错误

不能识别学生何时游离课堂

没有认知参与，就没有学习。2006年，里夫（Reeve）总结说："当参与的特征是全方位的任务行为、积极情绪、投入认知和个人陈述时，它就成了学习和发展的引擎。"（引自 Marzano，2007，p.99）学生必须有足够的认知能力来学习内容。通常，教师背负着课程的快节奏压力，但是他们并没有让学生参与到学习内容中去，而只是试图快速前进。没有时间进行充分加工或建立关联的快节奏学习不适合学生的参与。然而，区分这种快节奏和前面讨论过的明快节奏的不同很重要。在学生学习加工时节奏明快能够提升他们的参与度，而过快的节奏，学生可能会有些吃力，从而脱离学习。

毫无疑问，让百分之百的学生百分之百地全程投入到学习中是一项困难的任务；然而，持续的监控和参与技术的运用支持教师根据需要重新调动学生的积极性。一旦学生参与进来，教师就为学习创造了一个良好的环境。

弱化学习方法的做法

通常，此类参与技术的使用会使预期的结果大打折扣。由于使用了不同的方法，学生应该能够理解每一个方法的目的，以促进自己的学习。教师应始终把学生的注意力聚焦到预期的学习或学习目标上。例如，如果一个教师决定使用一个问答游戏来复习以前教过的概念，在游戏的某个时刻，教师意识到学生更关心输赢，而不是学习，教师需要将学生的注意力转移到益智游戏的教育价值上，而非竞赛上。

→ 教学和强化意动技能的时机

在现实世界中，意动技能对于发展情商至关重要。

培养成长心态，避免消极思维

实现自我效能的第一步是培养成长心态。学生必须相信，他们现在的处境并不能决定自己的未来。长期或持续的失败可能与习得性无助有关。长期的压力，在这种情况下，无法产生令人满意的学习效果，可能会导致学生放弃，这是一种习得性无助（Hiroto & Seligman，1975）。反复失败的结果可能会导致学生害怕引发更多的失败感，从而逃避未来的挑战。对失败的恐惧不经意间会导致消极的想法，在最糟糕的情况下，还会导致缺乏参与或行为不当。帮助学生相信他们的能力水平可以提高是至关重要的。

设想，一个学生正挣扎于分数。学生应该做了很多努力，但当努力变得没有成效时，学生开始认为他不可能成功，导致他对自己失去信心。教师与其把这看作学生不愿意参与学习的表现，不如把它看作一个培养成长心态和帮助学生避免消极思维的契机。例如，学生正在科学课上创建模型，老师注意到有些学生变得很沮丧，正游离课堂，一些人甚至完全停止了学习。班上有足够多的学生已经完成了此项任务，因此教师决定使用一种参与策略让游离课堂的学生重新参与进来。

> 大家好！这是我接下来想看到的。我想让你们找个搭档，并比较一下你们的模型。没有对错。同伴1，我希望你先来。向你的伙伴解释你的模型，然后分享你为什么以这种方式创建它。同伴2，我希望你也这么做。当双方都已经分享完毕时，抓住机会，基于你听到的新想法对你的模型做出改变。

负责任地互动

要求学生合作学习的参与策略为指导学生负责任地互动提供了难得的机会。当学生独立学习时，很少有这样的机会。就像所有意动技能的优点一样，负责任地互动的好处在课堂之外也会产生深远的影响。学会负责任地与人交往的学生更有可能在课堂上遵守规则和程序，并有可能将这些技能带入他们的大学生活、职业生涯和余生。

> 当你们比较模型的时候，请记住你们都很努力。这个活动需要你们分享对自己模型的想法。如果你对自己搭档的模型有意见，请记住他或她和你一样努力。作为搭档，如果你对某些事有不同意见，请保持尊重并使用我们练习过的尊重不同意见的开头语。

▶ 当学生游离课堂时参与策略使用的正例和反例

小学正例

在这个例子中，三年级的全体学生正在做一项预测。教师先把学生分组，然后给他们做一些指导。

> "同学们，今天我们来做个预测。"
> 以小组为单位，学生被要求讨论最近读过的一本书的某章节，并预测接下来会发生什么。
> "在你们讨论完这一章节之后，我希望你们每个人都能独立预测接

下来会发生什么。"

虽然他们正在与小组讨论他们的预测，但每个学生都要为他或她自己的创作负责。此创作的要求是分享预测，并提供证据或推理来支持该结论。

"我希望你们都能从当前的章节中找到证据来推测可能会发生什么。一旦你做出了预测，我希望你决定好你将如何分享你的预测。你可以把它写出来、画出来，甚至表演出来。"

然后，学生可以自由决定如何实现这些预测。他们可以选择将他们的预测进行演示，写下他们认为接下来会发生的事情，或者画一幅画，并附上图片说明。这些选择让每一种类型的学习者都能以他们自己的方式专注于学习内容。

小学反例

在同一个三年级的教室里，学生同样在做预测，教师也要求学生以小组为单位讨论他们的预测。

"同学们，今天我们将会有很多有趣的预测和表演。"

教师认为让学生以小组为单位演示他们的预测会很有趣，也很有互动性。虽然这对许多学生来说很有趣，但有些学生站在全班同学面前会感到紧张。

"我希望每个人都能通过故事中正在发生的事情想象接下来可能发生的事。一旦你有了自己的预测，我希望每个人都能通过表演来分享你们的预测。"

一个总是害羞和难为情的学生拒绝参加。在全班面前表演的恐惧盖过他想把任务完成好的愿望。

"约翰尼，是时候把你的预测表演出来了。约翰尼，记住，拒绝分享你的预测会让成绩为零。"

约翰尼有一个由很多证据支撑的、有说服力的预测，但是由于他不会在全班同学面前表现，教师告知他，因为他不肯在课堂上发言，这次

> 任务不得分。约翰尼感到很沮丧,并决定当天剩下的时间里不再上课。

在这个反例中,教师没能让所有学生都参与进来。教师可通过提供选择允许每个学生以他们的方式展示自己的知识和能力。这个活动的目的是确定学生是否能够做出预测,并使用证据加以支撑,而不是确定学生能否在课堂上发言。正因为没有其他选择,约翰尼放弃参与,虽然他有知识和能力做出预测。

中学正例

在一节高中历史课上,教师意识到学生问的许多问题与本课无关。过去,他一直在努力解决这个问题,因为他鼓励学生成为思考者和提问者。他希望学生能够提出问题,并将他们所学的知识与自己当前的生活实际联系起来,对所学的知识感兴趣。

> 好吧,同学们,请记住,今天我们的重点是调查导致《独立宣言》签署的原因。我喜欢你们提问的时候,它告诉我你们都在参与!

当教师在课上停下来回答每一个提出的问题时,这节课可能会慢下来,以至于没有时间涵盖必要的内容。如果在回答那些学生不认同的问题或者觉得不适用于他们当下学习内容的问题上,教师花太多的时间,学生很有可能会游离课堂。

> 在我们深入讨论导致签署《独立宣言》的原因时,让我们记住要提问一些与我们主题相关的问题。不过在课上,没有问题就是个坏问题。对于那些提出与主题不直接相关问题的同学,我有一些东西要给你们。

在下面这个例子中，教师通过引入一个"汇智场"解决了这个问题。他已经在教室的后面为这些问题指定了一个公告板。它在教室偏僻处，学生们可以在不打扰课堂的情况下使用它。当学生想问一些与主题不直接相关的问题时，教师会鼓励他们把问题写在便利贴上，并把它们贴在"汇智场"上。

> 学生："惠特克先生，我有个问题。"
> 教师："当然可以，杰达。这和我们现在学习的主题有关吗？"
> 学生："嗯……"
> 教师："不用担心。大家动脑筋，查查'汇智场'好了！"

如果一个偏离主题的问题仍然在课堂上被问到，教师只是微笑着说"汇智场"，学生就知道该怎么做了。当学生独立学习时，教师阅读"汇智场"上的问题，并逐个回答。如果有的问题对大家都有好处，他会找出合适的时间和全班同学一起讨论。

这种策略让课堂以适当的速度继续推进，又不会忽略学生的问题。

中学反例

反面例子发生在上面类似的情境中。如果没有适当的程序来处理偏离主题或频繁出现的问题，课程往往会变慢或偏离主题。要么是课程教学目标没有达成，要么是对额外问题不感兴趣的学生不再参与课堂。没有明确的程序会导致对全班的低效教学。

➡ 当学生不参与学习的情况下，使用参与策略监控预期结果

对这一策略的监控要求教师确定学生是否积极参与学习。讲述教学内容的时候，学生是否负责任地参与和互动？以下方法有助于监控这一策略：

精准教学的学习条件

◇当学生在学习游戏中准备写下问题的答案时，观察并交流，以确定他们是否参与其中。

◇在学习游戏期间，环走教室并倾听学生的对话。

◇扫视整个教室以确保所有人都参与进来。

◇研究学生在过渡期间的行为。

请参照学生参与熟练程度量表（表 4.4）以确定您对此策略的熟练程度。本量表明确了策略的实施阶段。"预期达标"一列阐述了使用本策略所希望达到的结果，而"新手入门"和"基本掌握"呈现了使用该策略的一个发展过程。

表 4.4　学生参与熟练程度量表

条 件	新手入门	基本掌握	预期达标
当学生游离课堂的时候使用参与策略	学生意识到他们无法保持专注，同时无法意识到教师何时试图让他们重新参与进去	学生大部分时间都在参与学习。 当学生变得心不在焉时，如有参与策略被运用时，他们会重新参与学习	学生对学习的认知始终如一。 如果学生变得心不在焉，他们会立即重新投入，而不需要教师的提醒

● 开展支架教学和拓展教学以满足学生的需要

为了达到所使用策略的预期效果，你可能需要在教学指导上做出调整。这些调整取决于你正在实施的方法，并能为学生提供特别的支持或扩展，以达到预期的结果。

支架教学

◇允许学生独立学习时与他人交谈。

◇提供眼神提示。

◇解释超难的或无聊的概念，并建立标志。

◇创建一个标志或手势，当陈述关键内容或大创意时使用。

◇告知学生即将学习的内容。

拓展教学

◇学生在课堂上列出一系列问题，并在即兴游戏中使用这些问题。

◇要求学生找出并纠正同伴的错误。

◇要求学生在一节课的节奏中寻找规律。

◇要求学生就教师使用的语言和非语言提示提供反馈。

◇要求学生认识到学习内容如何影响了他们的生活。

第五章 建立和维持有效的关系

在《教学的艺术和科学》一书中，马扎诺（Marzano，2007）指出："一个学校最具影响力的因素是学校里的教师个体。"（p.1）在所有因素中，教师个体对学生成绩的影响是最大的，无论是正面的还是负面的。教师既能促进学生的学业成功，又能扼杀学生的学业成功。例如，穆顿（Mouton，1996）等人发现，成绩较差的中学生常常感到被学校孤立或疏远。这些学生认为没有人关心他们，老师也不喜欢他们。詹森（Jensen，2009）认为这些疏离感导致许多学生彻底放弃了学业。马扎诺（Marzano，2007）写道："可以证明，教师与学生之间的关系可以说是有效管理的关键，或许也是整个教学的全部。"（p.149）

在穆顿等人的著作中，学生被称为"低依恋"。作者解释或定义学生对学校依恋的一种方式就是拥有归属感。后进生所感受到的疏离感表现在，从学校活动中退出、出现纪律和出勤率问题、对学校整体的消极态度，以及很多情况下的辍学。当被确认为有学业失败的高风险学生最终却取得成功时，被问及导致他们成功的因素，他们提到了与教师、辅导员、校长和同龄人的关系。此外，来自不成功的学生的陈述记录包括"教师让我感到愚蠢""教师不希望我做得好""教师对待我比其他学生更差"（Mouton，1996）。

基于这一研究，我们可以推测，师生间的关系可以影响学生学业的成败。每一个走进教室的学生都会受到教师的影响。培养和维持有效的师生关系的意义和重要性再清楚不过了。

培养和维持有效师生关系的两个关键要素：（1）指导和管理；（2）合作和关注（Marzano，2007）。要建立第四个精准教学的条件，教师可能需要采用与之前条件略有不同的角色或思维方式。建立和维持有效关系需要教师反思他们个人的方法，以确保这两个要素之间的适当平衡。通常，教师职业生涯开始时在合作和关注（倡导）领域表现出色，然后逐渐在指导和管理（主导）领域变得更强（Marzano，2007）。对于每个要素的示例，请参见表5.1。

第一个要素是指导和管理。通过这个关键要素教师向学生传达这样的信息，即教师在行为和学习上提供指导，并占主导地位。伍贝尔斯及其同事（Wubbels, Brekelmans, van Tartwijk, & Admiral, 1999; Wubbels & Levy, 1993）将这种主导定义为教师在学术和学生行为方面提供明确目标和强有力指导的能力。

马扎诺指出，当被问及对教师行为的偏好时，学生往往更喜欢这种类型的师生互动。当指导和管理得到有效实施时，教师需要处理两个方面的问题：学习结果方面的指导和行为预期方面的指导（Marzano，2007）。例如，学业表现量表中的学习目标可以作为学习过程的指导系统。对是否遵守规则和程序的计算和精确识别是行为预期系统。

第二个要素是建立和维持有效的关系、合作和关注，教师和学生都在为双方的利益而共同努力。教师和学生要有交流并认同团队意识。教师要努力确保让学生感觉到他们关心整个班级以及每个学生的幸福（Marzano，2007）。

表 5.1　培养和维持有效师生关系的每个要素的特征

指导和管理	明确的目标和强有力的指导 〇 学业指导 · 提供强有力的学业内容指导 · 交流学习的目标 · 追踪并表扬学生的进步 〇 行为指导 · 制定并维持课堂规则和程序 · 告知是否遵守规则和程序
合作和关注	情感客观性 〇避免在课堂上发生情绪的起伏 〇避免学生个人采取行动 · 关注学生 · 课堂上的集体意识

来源：Marzano, 2007。

通过平衡指导和管理（主导）、合作和关注（倡导）两要素，教师能够在学业上和行为上制定目标，同时为学生的成功和幸福提供支持。

在很多情况下，学生和教师之间的冲突表明存在人际关系问题，而不是应受惩罚的违规行为。学生的许多课堂行为被贴上"违规"的标签并受到惩罚，其原因实际上是学生和教师之间还没有建立起牢固的关系。这种情况之所以经常发生，是因为教师在与学生相处时，无论意图如何，都形成了一种"我们"和"他们"的心态（Marzano，2007）。

有效建立和维持关系的方法

接下来的论述中，我们将探讨建立和维持有效关系的三种方法：了解学生的兴趣和背景，表现出客观性和控制力，以及使用语言和非语言行为来表达情感。这些方法被有效地使用时，有助于确保学生感觉自己是课堂团体的一部分（Marzano，2012）。

了解学生的兴趣和背景的方法

- **意见问卷**：分发调查问卷，询问学生对课堂内容的看法。
- **师生会议**：为一对一的会议提供机会，提出探索性的问题，以帮助教师更好地了解学生的兴趣、观点和经验。
- **六字自传**：要求学生用六个字写一篇自传，然后引导学生分享并解释他们的自传。
- **引文**：让学生收集并分享描述他们个性和兴趣的引文，并展示个人与内容的联系。学生可以以不同的形式进行展示。
  - ◇推特：用少于140个字描述你的个性或兴趣。
  - ◇写一篇关于你自己的简短的报纸文章，内容包含你最引以为豪的成就。
  - ◇创建一个作者简介，放在重要作品的开头。

● 脸书帖子：在墙上贴一个内容主题帖子，让学生有机会在帖子中添加与原始帖子相关的评论。

显示客观性和控制性的方法

● 解释沟通风格：了解不同的沟通风格如何影响沟通和情绪反应，其有助于防止教师把学生的行为个人化。下面列出了五种沟通风格。

表5.2 五种沟通风格

五种沟通风格
自信的沟通者 　　不参与其他任务。 　　面对说话者，保持眼神交流。 　　反映说话人的情绪。例如，如果说话者很悲伤，听者的脸上就会反映出悲伤。 　　在听和说上花同样的时间。 　　适当地表达情感。 　　使用与所传达的情绪相匹配的肢体语言。 　　要求说话者阐明或详细说明；恭敬地提问。 　　故意试图完全理解对方所表达的内容和情感。 　　重复说过的话以确保理解（例如，我听到你说的是……）。 　　对谈话内容可以表达自己的观点：同意、不同意或中立。 　　以双赢的方式参与对话，目的是与对方沟通、解决任何问题。 　　传递信息："我重视我们的关系和你要说的话。" **冷漠的回避者** 　　忽视对方的存在或试图说话。 　　在回复之前停顿太久，或者几乎没有回复，或者根本不回复。 　　在别人说话的时候打断或插入自己的想法。 　　工作或与他人交谈时分心；通过肢体动作来分散注意力。 　　表现出冷漠、超然或心不在焉。 　　在他人讲话时插话或长时间不听他人讲话。

（续表）

五种沟通风格

未能顾及对方，使用与谈话内容不一致的肢体语言。

转身，看向别处，或走开。

避免与他人建立关系。

当试图与他人沟通时，可能会感到焦虑。

传递这样的信息："我不想和你有太多的关系，只会付出很少的努力。"

初级治疗师

占得先机——认为他或她比那个人更能代表对方说话。

与对方交谈，告诉对方他或她的感受、想法和行为。

告诉对方他或她应该如何感受、思考和行动。

倾向于谈论别人而不是自己。

批评对方的感觉、想法和行为。

认为对方是什么样的人，或者应该是什么样的人，然后只有当这个人的行为符合这个感知时才会做出反应。

告诉对方所提出的建议是为了对方好。

利用对对方之前的了解，以一种不专业的方式分析为什么对方以一种有益于自己观点的特殊方式去感受、思考或行动。

利用对对方的了解来扭曲对方的观点，往往是为了加强自己的论点，以期赢得谈话。

传递信息："我比你自己更了解你。我比了解我自己更了解你。"

威吓者

关注自己的话题，忽略对方提出的话题。

从对方的话题切换到自己喜欢的话题；主导谈话内容。

重复同样的事情很多次。

说话的声音偏大，喊叫或尖叫。

采取攻击性行为，如攻击、指责、批评、贬低、恐吓或嘲笑他人。

可能会骂人、挖苦人，或者用一种居高临下的语气试图伤害对方的自尊或观点来最终赢得谈话，让对方输掉。

试图让对方显得无能、低人一等、不聪明或幼稚，并暗示对方通常缺乏威吓者所认为应拥有的积极品质。

（续表）

五种沟通风格
可能使用暴力或用恐吓来暗示暴力。 传递信息："我将尽我所能达到我的目的。" **躲藏者** 说话声音太轻，对方听不见。 使用不完整、不一致、不清楚、似是而非或模棱两可的句子；可以说很多，但却讲得少。 使用相互矛盾的副词，过度限定，或使用表示不清楚状态的词语，如"也许""有点"等。 远离听者；肢体语言传达出恐惧或困惑。 不回应私人问题或很少说话；躲在人群里。 因为经常试图假装没有隐藏，使得肢体语言、声调和信息不一致。 害怕被别人听到、被批评或面对事实；假设他或她将"输掉"谈话，宁愿离开，也不愿意继续谈话。 传递信息："我害怕你，不想让你知道我。"

来源：Marzano et al., 2005。

● **积极地听和说**：与学生进行互动时，要保持冷静，控制好情绪。关注学生所说内容，试着理解他或她的观点。当学生在总结陈述内容时，教师的身体姿势、手势和面部表情要保持中立，并通过总结学生的陈述表示已听到学生的表达。

● **自我反思**：每天反思自己在执行积极和消极结果时的一致性，以确定两者之间是否存在平衡。如果没有，则需要进一步反思，以便今后更好地表现出一贯的客观性。

在表 5.3 中，你会看到一些关于反思问题的示例，可以考虑这些具体行为建议。

表 5.3 用于显示客观性和控制性的反思问题

教师反思的问题	如果没有……	行动建议（Marzano,2007）
对于类似违反规则或程序的行为，我是否也有同样的反应？	我怎样才能更好地让自己以一致的方式做出反应呢？哪一种行为或反应对达到预期效果最有效？	记录或在心里回顾每天的课堂情况，看看哪些学生遵守课堂规则和程序，哪些没有遵守；教师最好对每位学生都有具体的计划
我是否向那些爱捣乱的学生表明，尽管他们的行为不合适，但我仍然认为他们是班上富有成效的成员？我是否积极地鼓励我的学生遵守规则和程序？	我该如何改善与爱捣乱学生的关系？	认识到情绪是自然的，但是全天都要监控这些想法和情绪 保持冷静的外表，避免用手指人、提高嗓门、怒目而视或嘲笑 说话直截了当，心平气和，保持适当的距离 保持中立的面部表情
我有没有帮助我的学生认识他们的冒犯行为？	我怎样才能进一步帮助我的学生认识他们的行为呢？	特别指出学生的行为 仅评论行为而不是评论感知到的行为的动机

用语言和非语言行为来表达情感的方法

● **互动计划**：每天选择几个学生并与之交谈——在课堂上、午餐时、课间、课前或课后与之交流。制订时间表以确保与每个学生的定期互动是很有帮助的。

● **参加学生活动**：通过参加学生的课外活动显示对学生的关注。让学生知道你早已计划参加该活动，并设法在活动中与学生互动。

● **给学生指派任务**：给学生轮流分配任务，如分发材料、照顾班级宠物或收集作业。在这个简单的过程中交流情感。

● **幽默**：用玩笑、笑话或自导的幽默来创造一个愉快的、积极的学习环境。发起一些像"笑话星期五""滑稽帽子日""不搭配袜子日"这样的日子，在教室里营造温暖、有趣的气氛。通过在考试中甚至家庭作业和其他任务中添加幽默的项目来减轻考试的压力。如果可能的话，让学生在写作中融入幽默内容，或者设置一个名言板来张贴有趣的名言，并邀请学生也这样做（Elias，2015）。

➡️ 建立和维持有效的人际关系时需要规避的常见错误

在全班同学面前点名学生

不管学生给你的感受如何，时刻保持头脑清醒很重要。在全班同学面前点名使他们成为焦点。学生对被点名的反应是不同的。有些学生乐意被点到，故意做出希望被选中的举动，尽管这可能是没用的。但有些学生会觉得尴尬，他们感到羞耻和愤怒，这可能会阻碍教师与学生进一步保持有效的关系，甚至导致行为升级。

大多数教师都曾遇到过这样的学生：故意不守规矩，看自己的行为是否被注意到，并且一直持续到他或她在他人面前被纠正。还有一些学生因为被点名而感到尴尬，以至于他们害怕被再次点名，犹豫是否参加常规的课堂活动。甚至在更糟糕的情况下，学生会变得愤怒，这至少会扰乱课堂秩序，甚至可能升级到危及他人的程度。

提高嗓门或发脾气

出于同样的原因，提高嗓门或发脾气有可能会降低一段有效关系。愤怒的表情很可能会引发愤怒或恐惧，降低关系的有效性。当然，这种行为也可能是不可预测的。当无法预测教师的行为时，学生可能会犹豫是否与教师建立关系。

当教师发脾气时，学生通常会感到惊讶和害怕，因为他们不知道接下来发生什么，学生可能会变得有防御心理或感到困惑。

那些能够始终如一地以冷静的态度应对问题的教师将为与学生建立信任关系打下基础。

→ 教学和强化意动技能的时机

意识到解释的力量

人们往往根据历史经验来解释周围的环境。困难在于大多数人没有意识到他们的感知和解释并不总是反映现实（Marzano et al.，2013）。因此，教育工作者需要意识到他们自己的解释以及这些解释如何影响他们与学生和同伴的互动。例如，一个学生在已经被要求停止敲铅笔之后，但他可能甚至没有意识到还在敲铅笔，但教师可能会把这认为是故意的不当行为和公然无视规则。教师可能会变得焦躁不安，或者给出一个只会让学生感到困惑的结果。教师在做出反应之前，应该快速地对自己的理解和感知做一个内在的梳理。明确地为这些思想和行为建立模型，为学生示范一项他们必须养成的、关键的意动技能。

> 伊森，我已经说了三次让你停止敲桌子了，我注意到你还在敲。我的第一反应认为你是故意的，应该拿走你的铅笔。但我想这也有可能是你无意识养成的习惯。为了避免你随手拿到，你能不能把铅笔放进桌子里？

通常情况下，学生在家里还没有做好这种技能训练，但当将这种意识予以行为示范（我的第一直觉是认为……但也有可能……），并有意识地练习时，它将成为课堂上的规范。当这种行为和思维成为常态时，师生关系和同伴之间的关系将变得更加包容和积极。

避免消极思维

教师避免消极思维的一种方法是表现出客观性和控制力。教师和学生都应该练习，以培养他们对与思想相关的解释、感受、观点和行动的意识。表5.4中的这些例子展示了我们的感受如何被积极或消极地理解（或曲解）。

表 5.4 识别积极和消极的解释

培养意识	定 义（Merriam-Webster,2017）	举 例	检查你的思维
解释	解释或理解某事的方法	"老师在微笑。她一定很高兴。" "那个学生正盯着窗外看。他一定没有注意听讲。"	我该用什么来证实我的想法呢？ 还有什么别的原因导致了这种行为？
感受	一种精神意象	"老师让我修改我的作品，但让其他人上交。她一定不喜欢我的作品。"	我可以问一下对方的真实意图吗？ 我将如何以一种非对抗性的方式做到这一点？
观点	对某事的特殊态度或方式；一个观点	教师："我知道我的学生可以做得更多。我会督促他们拓展思维。" 学生："她对我们很严格，对我们期望很高。她认为我们做得还不够好。"	在这种情况下，另一个人会有什么感受或想法呢？ 从另一个角度看会是什么感觉？
行动	所做的事	叫喊，怒视，微笑，挥手，跺步	我的行为是否反映了我的感受？ 这些行为会对他人产生积极或消极的影响吗？

为了避免基于消极思维带来的后果，必须从思维本身处理。有时候，父母在不知不觉中让孩子处于压力和消极的想法中，导致孩子也承受同样的痛苦（Jensen，2009）。来自这些环境的学生可能意识不到他们的消极思想。如果教师没有客观而有控制力地持续向学生介绍和展示如何避免消极思维，学生就不太可能靠他们自己获得这种技能。

一旦学生意识到他们的思维或了解到导致他们产生消极想法的情况，他们就可以使用特定的策略，比如以积极的态度关注内在对话，为可能导致消极思维的情况做好准备。这种关注和准备将有助于学生在课堂上保持更有效的人际关系和积极的文化氛围，为学生的大学生活和职业生涯做好准备。

处理争议和解决冲突

如前所述，争议和冲突是不可避免的。当两个想法不同的人意见不一致时，争议就随之而来。当一个人的目标阻碍了另一个人的目标时，冲突就发生了。如果冲突没有得到解决，就无法建立或维持有效的关系。给学生讲述自己背景、兴趣和想法的机会，让教师和学生互相了解。尽管争议和冲突总是存在的，但通过了解和理解他人，能够帮助大家解决和处理好它们。

学生处理冲突的提示

> 我有不同的看法，因为……
> 你的立场是……
> 我听到你这么说……
> 我有这种感觉的原因是……
> 我相信……

→ 建立和维护有效关系的正例和反例

小学正例

在这个例子中,一个二年级的教师懂得让她所有的学生都感到被重视和成为课堂团体的一部分有多么重要。因此,她每周给学生轮换分配任务,角色包括材料收发员、班长、擦黑板员、班级信息员和材料检查员。为了确保安排任务时不会无意中把学生漏掉,她设计了一个可预测和公平的轮换制度。

> 大家早上好。欢迎周末后回校上课。我很激动今天晚些时候能听到你们所做的一切。现在,我们要分配每周的任务。让我们看一下任务板,看看轮到谁了。

任务板(见图 5.1)显示清晰,方便学生使用。每一份工作都列在最左边一列,而写有学生姓名的便签卡则在右边两列(姓名便签卡有两列,左侧一列为当前负责人,右侧一列为轮值人员),并且总是按同样的顺序排列。每周,姓名便签卡左侧一列最上面的名字都会被擦掉;右侧最上面名字会移到左侧最底部的位置,相应的右侧名字都会向上移动一个位置,并在右侧一列底部添加一个新名字。

> 凯蒂,上周你当了一周的材料收发员,本周你的名字就排在了轮换名单的末尾。苏珊,你现在接凯蒂的那项任务。威廉,你将成为我们班的班长,然后,阿亚娜将成为擦黑板员。蔡,你的角色是班级信息员。罗伯特,你的角色是材料检查员。有谁对这周的任务有什么疑问吗?

所有的学生都知道如何做好每一项任务,他们觉得自己在为班级做贡献,并且受到了足够的尊重,可以得到一项新任务。学生们在完成分配给他们的任务时,内心常常会充满自豪感。

材料收发员	凯蒂	罗伯特
班长	苏珊	迭戈
擦黑板员	威廉	迈克
班级信息员	阿亚娜	扎里
材料检查员	蔡	伊丽莎白
		玛丽安娜

图 5.1　任务板示例

小学反例

在我们上述示范班楼下的教室里,教师对给某些学生分配角色有一些顾虑。学生的行为让她担心他们将无法完成某些任务,这导致每周仅有一些学生被选来完成有限的几项任务,而其他人则被忽视。

> 同学们,早上好。欢迎周末后回到学校。我们现在应该准备好集中精力上课了。让我们先回顾一下分配给大家的任务。凯蒂,上周你负责材料的分发和收集。你做得很好,所以我希望你能在这个岗位上再做一周。苏珊,我把你移回到右边的轮值位置。威廉,如果我看到你表现不好,你就会失去岗位。玛丽安娜已经获得了班级信息员的任务,所以,蔡,我想让你成为候补班长。

虽然她无意排斥某些学生参与,但结果是,一些不常被选为参与任务的学生感到被疏远,不相信他们作为课堂团体的一部分被重视。这种消极情绪会影响他们的成就和行为。

中学正例

这个例子发生在一所高中的代数课上。在检查前一天晚上的家庭作业时，教师注意到有一个学生没有完成家庭作业。家庭作业是为了巩固之前所学知识而进行的练习，它只用于在继续学习和构建概念之前的复习。家庭作业从不评分，但学生知道家庭作业是课程学习的一部分，并明白完成家庭作业十分必要。

当复习开始时，教师注意到有一个学生没有参加，他的课桌上也没有家庭作业。当学生在复习时，她平静地走近这个学生。当她听这个学生说话时，她的肢体语言、声音、姿势和面部表情表现得都很平静。

"杰里米，我注意到你没有参与复习，你能把作业拿出来和大家一起复习吗？"

"我完成了家庭作业。我保证！我把文件夹放在家里桌子上了，我想我弟弟把它带到小学去了。只是愚蠢的家庭作业，反正你好像也不给它打分。我有麻烦了吗？"

当他讲完后，教师总结他的话，让他知道教师认真听他说了，然后给他提供一个解决方法。

你把家庭作业落在家里，但已经完成了。你说得对，我不给家庭作业打分，但它也是今天课程的一个重要部分。你没有麻烦。这些事情发生了，我理解，但我还是希望你能从复习中受益。我敢打赌布赖恩不会介意和你一起分享他的家庭作业，这样你们两个就可以一起复习了。

教师缓和了潜在的紧张情形。虽然这个学生没有带他的家庭作业，即使教师内心可能对此感到沮丧，她还是找到了一个让学生从这项活动中受益的方法。学生一开始很激动，但教师保持冷静、认真倾听，听到问题所在，认同他的担忧，并找到一个合适的解决方法。

中学反例

在类似的情况下，教师听了同样的故事。只是这一次，教师并没有表现出她认真听学生说，而是直接表现了她的沮丧。

> "杰里米，我注意到你没有参与复习，你能把作业拿出来和大家一起复习吗？"
>
> "家庭作业是不可以随意的。你知道老师的期望，你不应该把作业落在家里。我想其他人复习的时候，你可以安静地坐着，等我们继续上课，你再参与进来。也许下次你就不会这么粗心大意了。"
>
> "我完成了我的家庭作业。我保证！我把文件夹放在家里桌子上了，我想我弟弟把它带到小学去了。只是愚蠢的家庭作业，反正你好像也不给它打分。我有麻烦了吗？"

学生急忙把笔记本堆放在课本上，然后塞进背包。他的脸因为尴尬和愤怒而涨得通红，他皱着眉头盯着前方。即使课堂在复习完家庭作业后继续，学生也会退缩，不再认真听讲接下来的课程。

这位教师的做法影响了与学生的关系。学生不相信教师听了他所说的。现在除了因为没有完成家庭作业而感到难受外，他还因为教师没有听他说话而生气、受伤和沮丧。其结果使有效的师生关系大打折扣。

➡ 监控建立和维护有效关系的预期结果

监控这一策略的实施需要确定学生是否感觉自己是课堂团队的一部分。当存在有效的人际关系时，学生的融洽关系和行为表现出一种教师接纳他们并重视他们的感受。

● 浏览学生问卷，并确保学生在陈述内容时融入他们的观点。从问卷中推断出答案，并将其融入课堂。例如，如果班上很多同学因为一部关于汽车的新电影的上映而对汽车感兴趣，那么教师就可以用驾驶速度作为一个数字来做比较游戏或者把轮胎作为一个整体的分数单位。也许一位中学教师发现他的许多学生都在看同一个真人秀节目，他可能会用一篇新闻或节目片段来介绍一个话题或开始一段对话。

● 注意学生在师生会议上的语言和非语言反应。这将有助于更好地了解学生的愿望、希望和兴趣。例如，当讨论需要改进的地方时，观察学生的面部表情。他或她看起来是渴望改进，还是一想到改进就感到沮丧和不知所措？问一些探索性问题来确定到底是什么引起了这种感受。

● 传阅及审阅六字自传。要求学生制作自传海报，并注意词语的选择要反映人物性格。从这项活动中收集到的信息将再次成为相关课程的催化剂。

● 在互动过程中观察学生，以验证他们的反应和举止不会表现出个人冒犯。无论你是在表达幽默还是纠正某个动作，都要观察学生的反应，以判定他们的理解。如果学生因教师表达的信息而感到沮丧、恼怒、愤怒或造成其他方面的拖延，你要做好调整的准备。本章讨论的每种方法的目的都是建立和维持有效的关系，而有效的人际关系只有在互动时不冒犯、不对抗、不打扰学生的情况下才有可能实现。

● 当学生在积极地说和听的时候，与他们互动以确定他们的语调、肢体语言和反馈，从而营造合作的氛围。在师生互动中，通过监控学生的语调和肢体语言可以提供互动方面的反馈，并提供改正和阐明活动目的的机会。

● 观察学生在课堂上的互动，以确定他们是否感受到被接受和被支持。你可以问自己一些问题：

◇学生是否愿意向我提出问题？
◇学生之间接触时是否感到舒服？

◇学生是渴望参与活动还是害怕参与活动？

◇学生是否愿意互相交流？

◇我是否注意到学生之间互相帮助？

使用幽默的同时扫视一下教室，寻找那些不喜欢幽默或对幽默反应消极的学生。如上所述，如果幽默让学生感到不舒服，重要的是要立即改变表达方式，这样关系才能持续有效。例如，如果提到了《周六夜现场》滑稽短剧，而学生不熟悉这个短剧，他们可能会显得困惑或没有反应（Wanzer，2002）。如果目的是链接到课程内容，学生很可能也会感到困惑。再次强调，认识到并及时调整是让课程回到正轨并与学生保持积极关系的关键。

请参照监控建立和维持有效关系的进度量表（表 5.5）以确定您对此策略的熟练程度。进度量表明确了与策略有关的实施阶段。"预期达标"一列阐述使用本策略所希望达到的预期结果，而"新手入门"和"基本掌握"呈现了使用该策略的一个发展过程。

表 5.5　监控建立和维持有效关系的进度量表

条　件	新手入门	基本掌握	预期达标
建立和维持有效关系	教师了解学生的兴趣和背景，表达适当的情感，并以客观的态度行事	教师公平公正地与所有学生建立关系	建立和维持有效关系的预期结果是，所有学生都感觉自己是课堂团队的一部分

开展支架教学和拓展教学以满足学生的需求

你可能需要调整教学内容，使之适合每一个学生。以下提到的做法取决于你正在实施的方法，其目的是为学生提供额外的支架教学和拓展教学，以达到预期的结果。

支架教学

◇允许学生录制或口头分享他们对问卷的回答。

◇在师生会议上张贴图表，清楚地解释怎样才能获得切实的认可。

◇分享一个你自己的六字自传的例子。

◇给与你或与其他学生有冲突的学生开会，以解决他们的问题。

◇提出明确的问题并使用缓和的技巧来建立合作氛围。

◇向其他教师征求对学生的赞美，并在安排的互动中分享。

◇提供背景知识，以确保学生理解课堂上使用的笑话和幽默。

拓展教学

◇要求学生创作绘画作品、音乐作品等，以回应意见回卷。

◇在师生会议上要求学生明确他们想要深入探讨的兴趣和观点。

◇让学生使用物品来帮助他们解释他们是谁和对他们来说什么是重要的，而不是写一篇六字自传。

◇要求学生将他们的沟通方式与低效的沟通方式进行比较。

◇记录学生在安排的互动中已经讨论过的内容，以便在未来的互动中跟进相同的话题。

◇邀请学生与全班分享预先准备好的笑话或有趣的内容。

第六章 向所有学生传达高期望

大多数教育工作者被问到这个问题时，都真诚地认为他们对学生有很高的期望。学校以及地区愿景和使命声明中也经常会强调对所有学生的高期望的承诺。为精准教学创造最终条件，要求教师仔细和真诚地审视学生的个人期望，这并不总是那么容易。萨菲尔和高尔（Saphier and Gower，1997）描述了这种困难：

课堂是动态的、复杂的社会，充满了期望：教师对学生的期望、学生对教师的期望以及学生对彼此的期望。这些期望很好地解释了我们在观摩课堂时所看到的东西，包括好的和坏的、富有成效的和无用的。但这些期望本身是看不见的，它们几乎像空气一样悬浮在空中；它们只存在于人与人之间，并构成了他们关系的一部分。（p.47）

换句话说，教师和学生都需要努力让这种无形的期望的"空气"变得有形。传达对所有学生的高期望是一项复杂的工作，它需要所有人的参与，从管理者到餐厅后勤人员和保管员。然而，对低期望的学生实施高期望，说起来容易做起来难。马扎诺（Marzano，2007）指出，期望常常在无意识中运作并影响学生的学习：

教师对学生在学校取得成功的机会的信念影响着教师对学生的行为，进而影响着学生的成绩。如果教师相信学生能够成功，其行为方式往往有助于他们成功。如果教师认为学生不能成功，她就会不知不觉地做出破坏学生成功的行为。这可能是教学中最强大的隐藏动力之一，因为它通常是一种无意识的活动。（p.162）

萨菲尔、高尔以及马扎诺（Saphier and Gower & Marzano）认为这种动力是无意识的，并且对学生的成功至关重要。即使在教师有着最美好意愿的课堂里，与高期望的学生相比，低期望的学生得到的关注可能仍然较少。马扎诺的结论是，教师和学生之间的互动频率、持续时间和类型的差异往往取决于教师是否相信学生有能力成功。

结果是，对某些学生能力的认知可能在这些学生走进课堂之前就已经存在了，甚至在教师见到他们之前就已经存在了！例如，一个学生的兄弟（姐妹）在上一学年上过同样的课。教师记住上一年在学业或行为上有困难的学生，并对他或她的兄弟（姐妹）抱有类似的看法，这是很常见的。教师在休息室的玩笑也会影响对学生的看法，这是一个需要谨慎对待的因素。

同事之间的讨论往往集中在课堂上所面临的困难或课堂上遇到困难的学生。几乎在每一所学校都有一些学生是所有教师都认识的。教师还清楚地记得他们在为新学年做报告时的忙乱，他们急于收集学生的表现、行为、出勤率数据和分组信息（种族、性别、免费和减费午餐、残疾学生），以及来自学生以前教师的信息。尽管这些标签是用来支持学生的，但它们可能会产生降低教师期望的令人遗憾的副作用。

还有其他更有争议的原因导致学生面临低期望值。外表和语言的使用可能是其他人用来设定期望的首要特征。最后，低期望值最常见的因素可能是社会经济地位。虽然这些信息对于确定学生的起点无疑是至关重要的，这些信息应该用有辨识力的眼光来使用，因为偏见可能会在教师没有意识到的情况下潜入课堂。

向所有学生传达高期望是创造精准教学条件的一个必要组成部分。如果学生觉得教师对自己的期望与对他人的不一样，这种感觉无疑会表现为自卑和成就感下降。遗憾的是，不仅其他人对社会经济地位较低的学生抱有较低的期望，研究表明，这些学生对自己的学习也没有很高的期望（Odeen et al.，2013）。这些学生最终可能会进入一种习得性无助的状态。如果学生认为他们可能会失败或表现不佳，他们很可能根本不会去尝试。换句话说，如果他们认为自己不会成功，他们就不会为此付出努力（Jensen，2009）。因此，为所有学生设定高期望，并不断地将这些期望传达给他们是至关重要的。这是一个简单的概念，但却可以令情况完全不同，特别是对那些进入课堂时对自己低期望的学生来说更是如此。

向所有学生传达高期望：

◇高效能，相信自己有能力走进并教育每一个孩子。

◇对内容有深入的了解和热爱。

◇应用基于研究的内容策略。

◇对学生持积极、支持、关心的态度。

记住一些基本概念：

◇向学生传达尊重和价值。

◇处理并回应一组学生对另一组学生的负面评论。

◇为低期望学生提供更多的学习机会。

◇让所有学生参与课堂讨论。

◇为所有学生提供展示成就的机会。

◇为需要更多时间处理信息的学生提供等待时间。

◇要求所有的学生都要回答有难度的问题。

◇激励并与学生建立个人联系。

◇让学生参与个人目标的设定。

有效地向所有学生传达高期望的方法

有很多方法可以传达对学生的高期望。当你研究马扎诺（Marzano，2012）提出的以下建议时，要想成功地创造这种精准条件，首先要评估你个人的优势和劣势。

教师与学生的互动

● 语言互动：在所有学生面前统一使用以下行为来表达你的尊重，并促进创建一个积极的课堂环境。

◇使用有趣的对话，注意避免不恰当的幽默或讽刺。

◇对学生讲话时使用他们认为的尊重方式。

◇对学生的参与表示认可和赞美。

◇提供富有成效的反馈,指出学生的优点和亮点,强调他们取得的进步。

● **非言语互动**:除了语言互动,使用下面的非语言行为来传达你对学生的尊重。

◇用非对抗性的眼神交流。

◇用真诚的微笑表示你的关心。

◇不侵犯学生的个人空间的情况下,使用谨慎和适当的方式接近他们,表达对学生的真正关心。

◇做一些微妙的手势,既能让学生平静下来,又不会压制他们。

● 向学生提问复杂的认知问题,要求学生进行推理、分析信息、评估结论和运用知识。所有的学生都应该被问到这些严谨的问题,无论他们的背景或成绩水平如何。回答时,希望所有学生都能提供类似程度的证据和支持。每次学生做出推论时,都要求提供理由和依据。如果推论是为了回答一个问题,要求所有的学生做出解释。

● 用下列方法为那些可能需要帮助或鼓励的学生提供必要的支持。

◇ 问题序列:记住并演练以下步骤,直到熟练地使用它来探究不正确的答案(Marzano & Simms,2014)。

1. 当学生的回答不正确时,承认学生的意愿和努力。

2. 强调学生的回答中哪些是正确的哪些是错误的。

3. 如果答案是完全不正确的,请确定可能出现的错误回答。

4. 最后,提供支持帮助学生做出正确回答,比如提供更多思考时间,给出提示和线索,重述问题或提问修改过的问题,或只问原问题的一小部分。

5. 有时,可以提供正确的答案并要求学生详细说明,用他们自己的话复述或要求提供一个例子(Marzano,2012)。

◇ 答案修正:这种方法使用精心设计的问题来鼓励学生仔细检查和思考他们的答案,直到他们意识到他们的答案是不合理的。可以用下列问题来引导学生的思维过程。

1. 你怎么知道那是真的？
2. 你能拿出什么证据来支持你的回答？

向学生传达高期望需要规避的常见错误

课堂讨论中回避学生

在课堂讨论中避开某些学生，似乎你这样做是想保护他们。也许他们不会经常给出正确的答案，你也不想让他们难堪。然而，错误的答案是一个进一步探索和挑战学生达到你给他们设定的高期望的机会。当学生在课堂讨论中被习惯性地回避时，他们开始相信自己不会像其他人一样被期望。结果是，他们不再集中注意力，经常不再努力。相反地，如果他们希望被要求，并被寄予很高的期望，他们更有可能倾听，并做好参与的准备。

可能有必要花一些时间跟踪你要求的学生，或者使用随机系统来选择学生回答问题。通常，在课堂讨论中回避学生是无意识的，因此常常被忽视了。

没有给所有学生展示进步的机会

给学生展示进步的机会可以增强他们的信心，激发他们继续进步，所以应为学生提供更多的机会来展示他们的成就庆祝成长。有关记录学生成长的模板请参见表 6.1。

表 6.1　学生成长记录模板

	学生姓名					
成绩						
4						

（续表）

	学生姓名					
3						
2						
1						
0						
	前测	形成性评价1	形成性评价2	形成性评价3	形成性评价4	效果检测5

➡ 经验丰富的教育工作者分享更多对学生传达高期望的方法

梦想板

当学生的家庭对他们的孩子上哪所大学没有远大的梦想时，学生需要教师对他们理想的认可和鼓励。梦想板是 3.6～5.5 米的建筑用纸，学生在上面描绘他们的梦想和希望——他们长大后想成为什么样的人？他们想去哪里上大学？他们想住在什么样的房子里？他们想去哪里旅行？所有的梦想板都在学校的走廊上张贴一年，成为激励每个人的关键部分（McEwan，2002）。有关梦想板示例，请参见图 6.1。

职业

我想做儿科医生。

旅行

我想去巴黎和夏威夷旅游。

教育

我想大学毕业。

我想成为一位画家。

图 6.1　梦想板示例

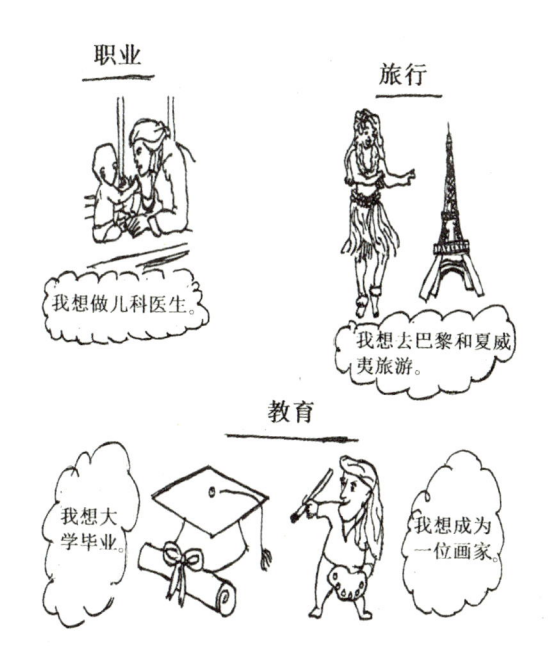

来源：McEwan，2002。

个人成就目标

一旦学生有了远大的梦想，就期望他们基于标准设定个人的学业目标。表 6.2 展示了一个学生目标设置表单示例。

以下是获奖校长莉莉·杰西的一些建议（经许可转载）。

低收入地区的许多学生都来自像我小时候那样的家庭，那里的家庭成员都没有上过大学。作为一名教学领导者，我的一个重要目标就是让学生在很早的时候就有上大学或从事理想职业的想法。我们最初的倡议是在幼儿园开始的。为期一周的活动被称为"从幼儿园到大学"。每个教员都穿着他们毕业院校的运动衫，和学生谈论他们的大学，以及他们为什么上那所大学。鼓励父母和孩子一起参加大学实地考察旅行。

说明：想想你在即将到来的学年里想要达到的与学校相关的目标。写下你在这一年中为实现这个目标将要采取的行动。

表 6.2　学生目标设定表格样本

我的目标
在加州标准英语语言艺术四级考试中取得熟练或更高的成绩

为了实现目标我会做什么

上课时我会认真听老师讲课。
我会和小组中的其他同学一起合作来帮助我的同学学习。
我每天都会做家庭作业。
我每天都会去补习。
我每周都会阅读自己选择的一本书，目标是一学年阅读 50 万字。
我将寻找情节中的主要事件及其原因。我会研究人物的性格，并努力找出他们为什么这样做。
我会试着弄清楚作者写故事或文章的具体目的是什么。
我会试着在我读的每一篇文章中找出谁是说话者或谁是叙述者。

在另一项倡议中，我们把所有五年级的学生带到弗吉尼亚理工大学校园，继续培养这样一种观念，即只要学生努力学习，尽自己最大的努力，就能上大学。公共汽车在凌晨 4 点就从停车场出发，但每个学生都准时到了。这就是如何在教师、学生和家长之间培养集体效能。你会有自己的想法，但目标是尽早播种学业成就的种子，并经常关注它们。

教学和强化意动技能的时机

正如你所记得的，意动技能能够使学生在现实生活中做出正确的决定。意动技能结合学生的感受（情感）和知识（智力），从而得出结论或解决问题。意动技能的发展有助于创造精准的学习环境。

培养成长心态

这种策略为培养成长型思维模式提供了很好的机会。当教师或学生认为能力是固定的，不能提升时，它将影响学生的参与和学习（Dweck，

2000）。认为勤奋和努力可以提高能力的简单信念有可能改变一个苦苦挣扎的学生的道路。这一切也许只需你在言语上做一个简单的调整。

尽量避免使用安慰性语言，这些语言可能暗示学生不擅长某项任务或学习领域，或者说他或她的其他优点在某种程度上弥补了缺点（例如，不是所有人都擅长数学，但你是如此有天赋的艺术家！）。相反，加强提供支持工作，引导学生选择适当的策略，培养他们的积极态度，提供及时的、可执行的和针对具体任务的反馈有助于学生相信自己的成长（Jensen，2009）。

> 玛丽，我知道这个数学概念现在看起来很难。我希望你能看到我所看到的进步。这是一个新的话题，在今年之前没有人接触过，你已经能够快速学习并将其应用于计算过程。我们需要关注的下一个领域是将该过程应用于实际问题，密切关注问题所在。你不放弃才走到这一步，如果你不断督促自己，在需要的时候寻求帮助，你就会成功！

这样的反馈可以帮助学生决定什么时候需要采取行动，他们需要做什么，以及如何改进。

培养适应能力

弹性的适应能力与培养成长型心态是完美结合的。当一项任务变得太困难时，那些不相信自己有能力成长或取得成就的学生往往会放弃。一些课堂行为甚至可以通过减轻某些学生的负担来支持这一观点，比如用更复杂的学习内容来挑战一小部分学生。这种负担调整可能是不必要的，除非学生在504计划、个人教育计划（IEP）或其他类似的法律文件中提出这样的建议。与其告诉学生他或她已经足够努力，不应该因为没有完成任务而感到难过，不如鼓励他们坚持下去，用言语鼓励学生克服困难。如果学生在完成一项任务时遇到了困难，我们需要找出他们遇到的困难，然后支持他们完成任务。

支持和鼓励学生的适应性教会他们在不放弃的情况下解决问题并完成任务，这是一项重要的课堂技能，更是一项重要的生活技能。

➡ 向所有学生传达高期望的正例和反例

小学正例

在这个例子中，当学生不参加小组讨论时，四年级的教师使用姓名卡片来选择学生回答问题。姓名卡片允许教师随机选择学生，避免只选择教师认为会有正确答案的学生。此外，教师会在可擦除的座位表上做记号（图6.2和图6.3），以显示学生回答问题的频率。

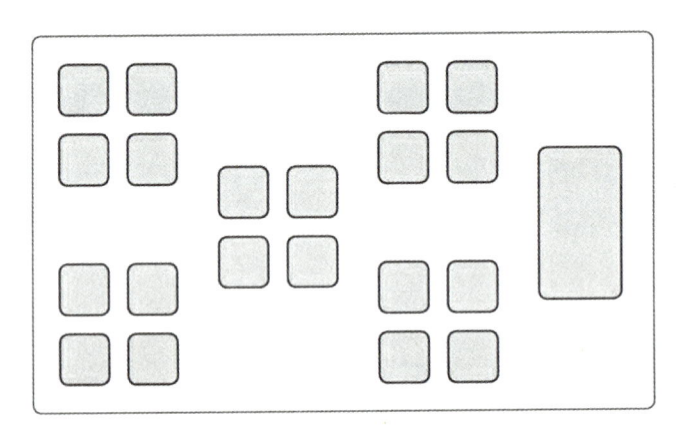

图6.2 可擦除座位表

在让整个小组讨论他们正在阅读的故事时，教师要求学生思考事件发生的顺序。

"同学们，我想让你们思考一下我们正在读的故事。今天，我们将重点讨论事件发生的顺序。每个人都应该能够识别文本中关键事件发生的顺序。我将随机请你们中的一位告诉我事件发生的顺序。"

当教师从卡片中选择一个学生来分享事件发生的顺序时，这位学生说不清楚。教师没有继续讲下去，而是让学生先回顾一下发生了什么。学生能够分享这些细节。然后教师问学生接下来发生了什么，并引导学生回到课文中寻找答案。

"阿莉娅，我看到你在记忆课文中的事件顺序上有点困难。让我们用另一种方法试试。你能告诉我课文里发生的第一件事吗？接下来发生了什么？如果需要，你可以参考课文。"

这位学生能够分享细节。然后教师问学生接下来要做什么，并引导她回到课文中寻找答案。当学生回顾这个故事时，她能够回忆起事件的顺序，并正确地回答剩下的问题。

结果是，所有的学生都希望教师点名，并知道他们都被寄予同样的高期望。

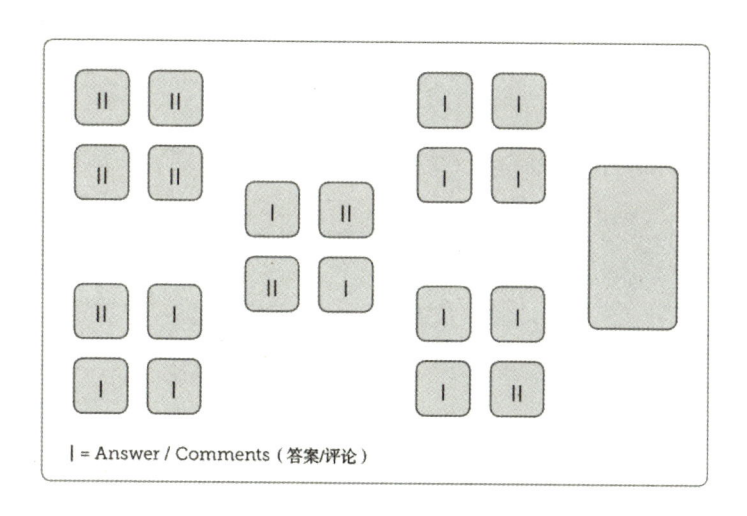

图 6.3　使用可擦除座位表跟踪学生的参与情况

小学反例

在一个类似于前面例子的四年级教室里，教师花了很多时间来设计问题。在整个课程中，增加了问题的复杂性。随着问题变得越来越复杂，教师注意到自愿回答问题的学生越来越少。

> "同学们，思考一下我们正在阅读的课文。仔细听我的问题，如果你能回答就举手。"
>
> 除此之外，教师还注意到，有些学生在第一次尝试时无法正确回答。教师很少点名叫不举手的学生发言，尤其是那些曾经被点名但不会回答的学生。
>
> 在本例中，教师叫了之前案例里的那个学生。当学生遇到困难时，教师问是否有人愿意帮助她。教师给那个学生一个机会去请班上的另一个学生回答。该学生的任务是只叫举手的学生。
>
> "阿莉娅，我看你回答这个问题有困难。没关系，你可以环顾一下，选择一个举手的愿意帮助你的人。"

教师没有意识到其行为导致了少数学生知道他们不需要太多的参与。这也导致了学生们的沮丧，他们想尝试回答，但经常被忽视。

中学正例

在高二的文学课上，学生经常参与丰富多彩的课文讨论。在这个案例中，全班正在讨论《献给阿尔吉侬的花》一书。他们被问及在查理·戈登身上进行的实验是否合乎道德。学生已经在课堂讨论中分享了各种观点，但都有责任提出自己的论点。

> "好了，同学们，我们一直在讨论《献给阿尔吉侬的花》这本书。你们可能已经以小组的形式讨论过在查理身上进行的实验是否合乎道德。现在，我想听听你们个人的想法，以及你们得出这个结论时所用的文本证据。"
>
> "安东尼，你说这个实验是合乎道德的，但我需要了解更多。这个故事中有哪些证据表明他帮助了人？"
>
> 当一个学生说这个实验是合乎道德的，因为它帮助了其他人，教师让学生举证详细说明。
>
> "这个故事中有什么证据表明它帮助了别人？"

在检查了他的推理之后，这个学生表示他仍然相信这个实验是合乎道德的。"从长远来看，这可能对任何人都没有帮助，但查理喜欢做聪明人。并且，他一开始就同意了这个实验。"

通过让学生回到课文并提出要求，教师向他传达了他和班上其他同学一样被寄予了很高的期望。

中学反例

在像上面这样的教室里，学生们的任务是一样的。在这种情况下，学生关于实验伦理的回答是可以接受的。

"同学们，我们在读《献给阿尔吉侬的花》一书。现在你有时间和其他人谈谈，我想听听你们个人的意见。安东尼，从你开始，告诉我们你的想法及支持它的文本证据。"

"我认为这个实验是合乎道德的，因为它帮助了别人。"

安东尼的回答被教师接受了，教师继续往前走。"不错，安东尼。还有其他人愿意分享他们的观点吗？"

这位教师如此轻易地接受了安东尼的答案，间接地传递了这样一个信息：思想不会受到挑战，也不会要求所有的学生都需要用课文中的证据来证明他们的观点。教师错过了创造一种文化的机会，在这种文化中，所有学生都明白他们的答案将受到挑战，不能指望其他学生填补他们答案中的空白。

一位中学的数学兼科学教师分享了一个"失败者"如何成为学校中受人尊敬的一员

以前的教师认为山姆注定失败，同学们也跟随了教师的引导。因此，山姆花了一年的大部分时间在办公室处理其行为问题。下面是这位数学兼科学教师对山姆的描述，在对其寄予高期望的前后变化（改编自 McEwan，2009）：

山姆是一个需要帮扶的学生，他很聪明，有点古怪，是我见过的最没有条理的学生。他的学习帮扶教师，也是我的工作搭档，是教语言艺术和社会研究的，我把帮扶山姆作为我们今年的重要项目，我们不会放弃那个孩子。大家都对他不离不弃，并以一种非常积极和关心的方式对待他。我们手挽着手，不让他冲破我们对他关爱、支持和教导的封锁。当我们中的一个人感到沮丧时，另一个人就会大声朗读山姆在他没交的数学作业背面写的一首诗。当其他人灰心丧气时，我会告诉他们山姆刚刚做了一件了不起的事。那年年底，我们都爱上了山姆这个孩子。这个世界必须有跳出思维定式的人。山姆的思维很活跃。他总是很有趣，发人深省。我和我的搭档都很欣赏他的智慧，给了他一个可以在课堂上畅所欲言的机会。有趣的是，到了年底，他不仅把所有的家庭作业和其他作业都交上去了，而且让班里的孩子们开始尊重他。

➔ 监控向所有学生传达高期望的预期结果

监控这种策略需要你确定学生是否觉得你对他们有很高的期望，当你有效地传达了对所有学生的高期望时，无论他们的学习背景或学业水平如何，你对待学生的态度都将保持一致和公正。

● 倾听学生对口头互动的反应，以确保这种互动能帮助学生感受到被尊重，并提高个人期望。

● 在非语言交流过程中观察学生，以验证他们是否觉得自己受到了同等重视，是否参与了课堂。

● 听学生回答问题，确保他们参与并试图回答复杂的认知问题。

● 问完问题后观察学生，观察他们是否试图处理内容，以及他们是否希望分享自己的理由和支持他们观点的证据。

● 创建或使用一个工具来跟踪答复率，以确保所有学生以相同的频率与深度提出和回答问题。

● 观察学生，看他们是否都期待同样的问题和对错误答案的探究，并在不担心负面反馈的情况下，自如地修正自己的想法。

请参照学生熟练程度量表（表6.3）以确定您对此策略的熟练程度。本量表确定了与策略有关的实施阶段。"预期达标"一列阐述使用本策略所希望达到的结果，而"新手入门"和"基本掌握"呈现了使用该策略的一个发展过程。

表6.3 高期望的学生熟练程度量表

条件	新手入门	基本掌握	预期达标
向所有学生传达高期望	学生倾听其他同学的观点。 学生参与课堂活动。 学生对反馈做出回应，以重塑他们的负面言论。 学生作品达到了预期水平	学生之间互相尊重。 学生愿意尝试具有挑战性的任务。 学生避免消极地谈论自己。 学生向教师和其他同学表达他们的希望和目标	学生之间不能容忍彼此的无礼行为。 学生愿意在教师和同学面前承担冒险。 当他人对自己有负面评价时，学生之间学会接纳并给予回应。 学生积极地朝着自己的目标努力，并寻求教师和其他学生的指导和帮助

开展支架教学和拓展教学以满足学生的需求

在教学过程中你可能要根据需要做出调整，以达到每个学生的预期结果。你的调整取决于你正在使用的方法，并能提供一些学生需要的支持、扶助和拓展，以便达到预期结果。

支架教学

◇对于那些不能从言语互动中获益或可能会误解言语互动的学生，可以使用非言语互动来传达价值和尊重。

◇与学生进行会谈，以消除任何对非语言行为的误解或沟通不畅，共同确定一种表达价值和尊重的方式。

◇在课堂提问之前，在班级网站上发布问题，或者通过另外的方式提供问题，以便所有的学生都可以在活动期间做好准备。

◇提供一份"思考单"，给学生提供一些提示问题，让他们在推断和主张时做参考。

◇私下告诉那些不主动发言的学生，你希望他们回答更多的问题，并且你打算开始多叫他们回答问题。

◇让学生修改他们回答的特定部分，而不是整个问题的回答。

拓展教学

◇要求学生拓展能够在课堂上使用的表达欣赏、价值和尊重的短语。

◇要求学生设计可以被所有人使用的非语言的手势表达赞赏、价值和尊重。

◇请学生解释当他们被要求为自己的答案提供证据和支持时，他们的思维是如何改变的。

◇多和学生交流，了解他们对经常被要求回答问题的感受。

◇让学生找出他们自己的答案和同伴的答案之间的相似点和不同点。

结 语

本书的目标是使教师能够更有效地为精准教学创造条件。为了确定你在实施这些策略上是否确实变得更加有效，你需要从你的学生那里收集信息，并从同事、教练或导师那里征求反馈，以便找到愿意和你一起踏上这段学习之旅的人。在使用书中描述的五种策略时，始终如一地进行有意义的自我反省，并以此作为你的目标。

如果你从本书中没有学到什么，那么就把监控的重要性作为重点。当然，仅仅用好这些策略是不够的，你的专业水平和学生成绩的转折点是对每种策略预期效果的监控，根据需要调整你的方法以确保你始终能够达到预期结果。你的目标是预期的结果：证据表明你的学生正在朝着更复杂的认知内容的方向发展，同时在学习中变得更加自主和更加注重自我管理。

为了更有效，可以将实施过程分为三个步骤。

1. 运用你的精力和创造力来实施本书中的策略，以适应各种技巧和方法。
2. 在实施策略的过程中，要监控预期的结果，确定该策略对学生是否有效。

检测你的学生是否进入了更高的思维水平，以及是否成为更独立的学习者。

3. 如果监控的结果是，你意识到你的努力并没有达到你的目标，那么你可以通过使用支架教学或拓展教学寻找改变或调整你的方法，使所有的学生都进步。

虽然，你可以独立阅读本书并获得专业知识，但是如果你与同事一起阅读并研究其中的内容，这个过程将会更加有益。

反思与讨论问题

在团队会议上，甚至在与你的教练、导师或主管开会之前，可以将以下的反思和讨论问题作为思考内容：

1. 阅读和实施了这本书中的策略后，你课堂的精准教学条件发生了怎样的变化？

2. 你发现了哪些方法可以用来修改和增强这些策略，以支持和扩展你的方法来为精准教学创造条件？

3. 在实施这些策略方面，你面临的最大挑战是什么？

4. 你将如何描述学生的学习动机和参与情况的变化，特别是那些低参与度的学生？

5. 你将如何与同年级或部门的同事分享你的学习成果？

提高你的教学技能的最好方法是实施、监控和分析学生在学习方面的成长。多年的科学研究表明，当本书中的五项策略得到有效实施时，学生的学习成绩和学习能力都会有所提高，但只有当这些策略在有效教师带有艺术性的教学评价和体验的实施下才能有所提高。正是这种教学艺术与科学的巧妙结合，创造了最精准的学习环境，最令教师满意，学生成绩最佳。

附录 A 模板

用于确定规则和程序必要性的模板

一整天都必须要有规则和程序。本书在第二章中列举了一些常常被忽视的实例。填写本表格,确定一天中需要特定规则和程序的时段。开学几周后,教师根据对学生的观察,有必要再和学生回顾本文档中的内容。使用标题为"教学规则和程序的规划步骤"的文档,记录如何教你认为必要的规则和程序。

时间和活动	列出必要的规则和程序

访问 www.learningsciences.com 下载可复制的模板。

用于规划教学规则和程序的模板

列出你需要规划的规则或程序：_____ 在表格中记录你对教学规则和程序的规划。
解释规则或程序：如何定义和描述规则/程序？想要和学生分享什么样的理念？
操练规则或程序：学生参与何种活动来练习该规则或程序？
强化规则或程序：使用何种特定的活动让学生将新学习的规则或程序变成习惯？

访问 www.learningsciences.com 下载可复制的模板。

用于组织物理空间的模板

画出教室空间的草图，记住要留出门口和洗手间的空间。可以使用方格来组织教室的物理空间，下面是一些需要考虑的场景示例：

行进路线：进出门和洗手间的路线是否畅通？在哪里可以存放这些材料，以便学生可以轻松拿到？学生能够轻松地排队吗？

接触到所有学生：桌椅等物品的摆放是否方便教师及时接触到每一位学

生？即将进行的每一项活动，教师是否能够看到每一位学生？反过来，是否每位学生都能看到教师？

潜在的干扰：是否有学生得面朝人来人往的区域（比如窗户正对人来人往的走廊）？教室里的电脑朝哪个方向？是不是会让学生分心？

访问 www.learningsciences.com 下载可复制的模板。

用于阶梯式行动的模板

本文档作为阶梯式行动的模板，可以将其张贴起来。当行动开始实施时，有利于学生了解和辨识，从而能够据此调整他们的行为。

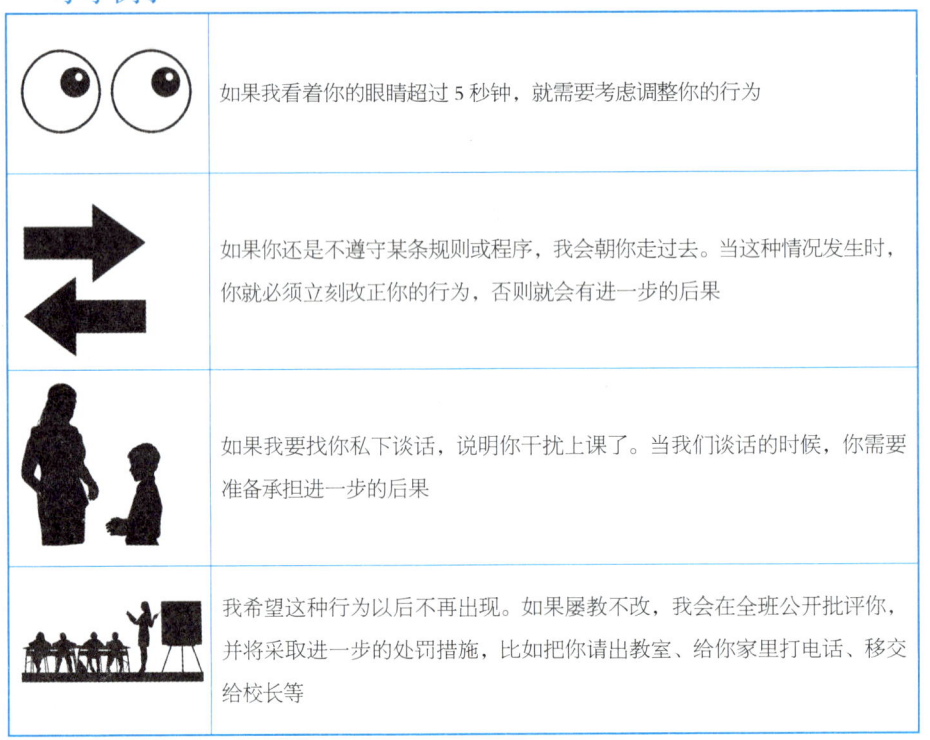

小学例子

👀	如果我看着你的眼睛超过 5 秒钟,就需要考虑调整你的行为
⇄	如果你还是不遵守某条规则或程序,我会朝你走过去。当这种情况发生时,你就必须立刻改正你的行为,否则就会有进一步的后果
(师生图)	如果我要找你私下谈话,说明你干扰上课了。当我们谈话的时候,你需要准备承担进一步的后果
(课堂图)	我希望这种行为以后不再出现。如果屡教不改,我会在全班公开批评你,并将采取进一步的处罚措施,比如把你请出教室、给你家里打电话、移交给校长等

小学例子

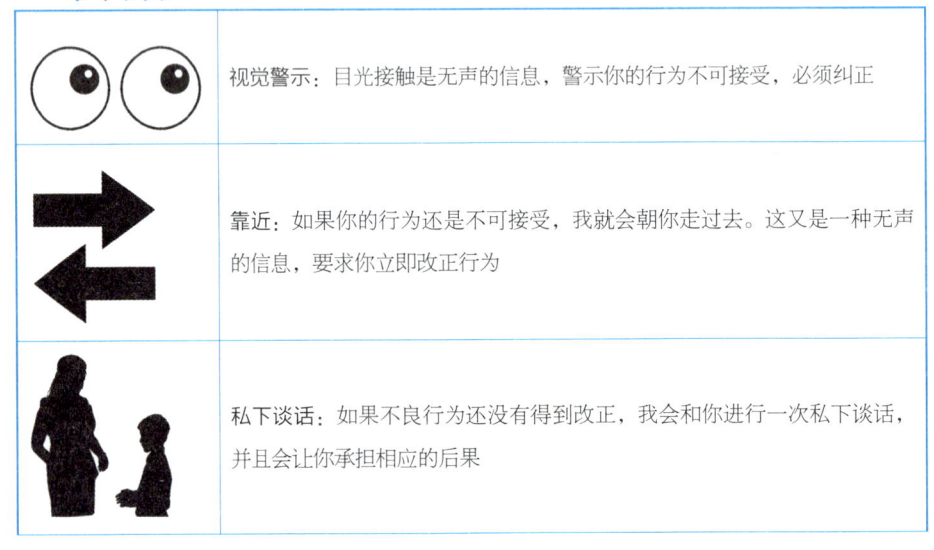

👀	视觉警示:目光接触是无声的信息,警示你的行为不可接受,必须纠正
⇄	靠近:如果你的行为还是不可接受,我就会朝你走过去。这又是一种无声的信息,要求你立即改正行为
(师生图)	私下谈话:如果不良行为还没有得到改正,我会和你进行一次私下谈话,并且会让你承担相应的后果

	公开批评：如果行为升级到需要公开批评，它会导致更严重的后果，包括且不限于调换座位、移送到政教处、给家里打电话

访问 www.learningsciences.com 下载可复制的模板。

用于建立关联的模板

🌍	➡	文本与世界之间的关联
📖	➡	文本与文本之间的关联
👦	➡	文本与生活之间的关联

访问 www.learningsciences.com 下载可复制的模板。

有礼貌地表达不同意见的几种方式

我的看法不同，因为_____。

你的立场是不是_____？

我明白你要表达的意思。我能不能再稍微补充一点？

你的观点很棒，不过_____。

你能不能再稍微解释一下？我希望更好地理解为什么你会那么想。

感谢你呈现的观点，但是我冒昧地提出反对意见，因为_____。

访问 www.learningsciences.com 下载可复制的材料。

用于记录学生每周互动情况的模板

班级：

学期：

学生姓名	计划的交互活动	星期一	星期二	星期三	星期四	星期五

访问 www.learningsciences.com 下载可复制的模板。

用于（教师）每日自我反思的模板

我有哪些机会强化正面或反面结果？	
我的哪些行为表现出正面强化效果？（罗列或者陈述）	我的哪些行为表现出负面强化效果？（罗列或者陈述）
未来我该如何平衡和学生的交互活动？	

访问 www.LearningSciences.com 下载可复制的模板。

用于"六词自传"的模板

让学生使用下方可复制的文档。沿虚线裁剪模板并分发给学生。

使用 6 个词写下你的自传:

_____   _____   _____

_____   _____   _____

- -

使用 6 个词写下你的自传:

_____   _____   _____

_____   _____   _____

- -

使用 6 个词写下你的自传:

_____   _____   _____

_____   _____   _____

- -

使用 6 个词写下你的自传:

_____   _____   _____

_____   _____   _____

访问 www.learningsciences.com 下载可复制的模板。

用于向所有学生传达高期望的模板

完成下表。思考班中学生的情况，你认为哪些学生在本学年会有良好的表现？哪些学生会出现学习困难？

这张表格帮助你进行必要的调整，以帮助所有学生。期望值低的学生，往往是我们主观看法的结果。正确识别此类学生非常重要，因为我们的主观看法往往左右着我们的行动。

我相信会学好的学生	我认为会有学习困难的学生

行动步骤

你会采用哪些行动保证对所有学生都有高期望？

访问 www.learningsciences.com 下载可复制的模板。

附录 B　实现精准教学模式的必要资源

可以从网站 www.learningsciences.com/Essentials 获取关于达到精准教学模式的完整资源。

"精准教学系列"

由罗伯特·J. 马扎诺和国际学习科学组织顾问共同撰写的"精准教学系列",每一册提供一个实用的课堂策略,教师可以直接应用这些策略,在精准的新标准驱动下提高学生思维认知。作者提供了如何实施和监测关键教学策略的方法以及针对课程适应性的建议,以确保所有学生掌握教学内容、每日教学案例以及应避免的常见错误列表。

该系列包括《确定关键内容:把握重点的方法》《言之有理:提出与辩护主张的方法》《记录与表征知识:准确组织与总结内容的方法》《区分异同:深度理解的方法》《加工新知:参与学习的方法》《梳理知识:检查深度理解的方法》《操练技能、策略与过程:熟能生巧的方法》《参与综合认知任务:

跨学科提出与检验假设的方法》《编制与使用学习目标和表现量规：教师如何作出最佳教学决策》《组织学习活动：小组互动方法》《标准驱动的课堂：精准教学的实践模式》《精准教学要义图示》《精准教学的学习条件》。

其他资源

白皮书

Marzano, R. J., & Toth, M. D. (2014). *Teaching for rigor*: *A call for a critical instructional shift.* Retrieved from www.marzanocenter.com/fles/Teaching-for-Rigor-20140318.pdf.

精确教学模式示范学校的资源

访问 www.learningsciences.com/services/demonstration-schools-for-rigor 了解有关示范学校的信息。

案例研究

◇明尼苏达州的普林斯顿校区。
◇佛罗里达州棕榈滩艾克雷志·磐斯公立小学。
◇佛罗里达州博卡拉顿的卡鲁萨小学。
◇佛罗里达州格莱兹第三学校。

工具与技术

LSI 成长跟踪器（The LSI Growth Tracker）

LSI 成长跟踪器是一种易于使用的在线工具，用于跟踪教师在教学策略应用方面的专业成长和合作信息。除了支持教学上的操练和同行指导，跟踪器还可以帮助教师在一个安全的、无评价压力的区域内成长（并帮助彼此成长），使专业学习过程清晰可见。更多相关信息请访问 www.learningsciences.com/lsitracker/growth-tracker。

LSI 标准跟踪器（LSI Standards Tracker）

整合美国 50 个州的 K-12 小学英语、语言、艺术和数学科目的标准，LSI 标准跟踪器将这些标准解构为与学生成功标准相符的学习目标，这使得 K-12 的教师能够在教学中轻松收集学生的学习证据。这种强大的网络平台使教师能够与其他教育者分享数据，促进实践的校准和专业成长的独特融合。更多相关信息请访问 www.learningsciences.com/lsitracker/ standards-tracker。

精准教学模式——精准之路（RigorWalk）

精准之路能帮助学校领导团队对教学和领导力进行更深入的思考。在实施精准教学模式的过程中，学习科学组织研究中心采访学校领导团队，走访学校并现场分析收集到的精准教学信息。更多信息请访问 www.learningsciences.com/solutions/RigorWalk。

快速参考指南（Quick Reference Guides）

◇ "基于精确/标准的教学路线图"快速参考指南（Rigor/Standards-Based Teaching Map Quick Reference Guide）。

◇ 教育目标分类学之路快速参考指南（Taxonomy Crosswalk Quick Reference Guide）。

◇ 基于标准的学习目标和学业表现量表快速参考指南（Standards-Based Learning Targets and Performance Scales Quick Reference Guide）(2017 年发行)。

参考资料

[1]Bandura, A.(1991). Self-efficacy mechanism in physiological activation of health-promoting behavior. In J. Madden Ⅳ (Ed.), *Neurobiology of learning, emotion and affect* (pp. 229–270). New York: Raven.

[2]Bradley, R. H., & Corwyn, R. F. (2002). Socioeconomic status and child development. *Annual Review of Psychology*, 53, 371–399.

[3]Council of State Governments Justice Center & Public Policy Research Institute. (2011). *Breaking schools' rules: A statewide study of how school discipline relates to students' success and juvenile justice involvement.* Retrieved from https://csgjusticecenter.org/wp-content/uploads/2012/08/Breaking_Schools_Rules_Report_Final.pdf.

[4]Dweck, C. S. (2000). *Self-theories: Their roles in motivation, personality, and development.* New York: Psychology Press.

[5]Elias, M. (2015). *Using humor in the classroom.* Retrieved from www.edutopia.

org/ blog/using-humor-in-the-classroom-maurice-elias.

[6] Fabelo, T., Thompson, M., Plotkin, M., Carmichael, D., Marchbanks Ⅲ, M., & Booth, E. (2017). *Breaking school rules: A statewide study of how school discipline relates to students' success and juvenile justice involvement.* Retrieved from https: //csgjusticecenter.org/wp-content/uploads/2012/08/BreakingSchoolRulesReportFinal.pdf.

[7] Fredericks, J. A., Blumenfeld, P. C., & Paris, A. H. (2004). School engagement: Potential of the concept, state of the evidence. *Review of Educational Research*, 74(1), 49–109.

[8] Good, T. L., & Brophy, J. E. (2003). *Looking in classrooms* (9th ed.). Boston: Allyn & Bacon.

[9] Gottlieb, D. J., Beiser, A. S., & O'Connor, G. T.(1995). Poverty, race, and medication use are correlates of asthma hospitalization rates: A small area analysis in Boston. *Chest*, 108(1), 28–35.

[10] Hiroto, D. S., & Seligman, M. E. (1975). Generality of learned helplessness in man. *Journal of Personality and Social Psychology*, 31(2), 311–327.

[11] Indiana State University. (2007). *National high school student engagement survey by IU reveals unengaged students* [Press release]. Bloomington Indiana State University. Retrieved from www.indiana.edu/~soenews/news/news1172622996.html.

[12] Jensen, E. (2009). *Teaching with poverty in mind: What being poor does to kids' brains and what schools can do about it.* Alexandria, VA: ASCD.

[13] Jensen, E. (2013). How poverty affects classroom engagement. *Educational Leadership*, 70(8), 24–30.

[14] Kounin, J. S. (1970). *Discipline and group management in classrooms.* Indiana University: Holt, Rinehart, and Winston of Canada, Ltd.

[15] Marzano, R. J. (2003). *Classroom management that works: Research-based strategies for every teacher.* Alexandria, VA: ASCD.

[16] Marzano, R. J. (2007). *The art and science of teaching: A comprehensive framework for effective instruction.* Alexandria, VA: ASCD.

[17] Marzano, R. J. (2012). *Becoming a reflective teacher.* Bloomington, IN: Marzano Research Laboratory.

[18] Marzano, R. J., Carbaugh, B., Rutherford, A., & Toth, M. D. (2014). *Marzano Center teacher observation protocol for the 2014 Marzano teacher evaluation model.* West Palm Beach, FL: Learning Sciences International.

[19] Marzano, R. J., Gaddy, B. B., Foseid, M. C., Foseid, M. P., & Marzano, J. S. (2005). *A handbook for classroom management that works.* Alexandria, VA: ASCD.

[20] Marzano, R. J., & Marzano, J. S. (2003). The key to classroom management. *Educational Leadership*, 61(1), 6–13. Retrieved from http://www.ascd.org/publications/educational-leadership/sept03/vol61/num01/The-Key-to-Classroom-Management.aspx.

[21] Marzano, R. J., & Marzano, J. S. (2015). *Managing the inner world of teaching: Emotions, interpretations, and actions.* Bloomington, IN: Marzano Research Laboratory.

[22] Marzano, R. J., Marzano, J. S., & Pickering, D. J. (2003). *Classroom management that works: Research-based strategies for every teacher.* Alexandria, VA: Association for Supervision and Curriculum Development.

[23] Marzano, R. J., Pickering, D. J., & Heflebower, T. (2011). *The highly engaged classroom.* Bloomington, IN: Marzano Research Laboratory.

[24] Marzano, R. J., & Toth, M. D. (2013). *Teacher evaluation that makes a difference: A new model for teacher growth and student achievement.*

Alexandria, VA: ASCD.

[25]Marzano, R. J., & Simms, J. A. (2014). *Questioning sequences in the classroom.* Bloomington, IN: Marzano Research Laboratory.

[26]Marzano, R. J., Yanoski, D. C., Hoegh, J. K., Simms, J. A., Heflebower, T., & Warrick, P. B.(2013). *Using Common Core standards to enhance classroom instruction & assessment.* Bloomington, IN: Marzano Research Laboratory.

[27]McEwan, E. K. (2002). *The ten traits of highly effective teachers.* Thousand Oaks, CA: Corwin.

[28]McEwan-Adkins, E. K. (2012). *Collaborative teacher literacy teams, K-6: Connecting professional growth to student achievement.* Bloomington, IN: Solution Tree Press.

[29]Menyuk, P. (1980). Effect of persistent otitis media on language development. *Annals of otology, rhinology & laryngology supplement*, 89(3), 257–263.

[30]Moore, C., Garst., L. H., Marzano, R. J., Kennedy, E., & Senn, D. (2015). *Creating and using learning targets & performance scales: How teachers make better instructional decisions.* West Palm Beach, FL: Learning Sciences International.

[31]Mouton, S. G., Hawkins, J., McPherson, R. H., & Copley, J. (1996). School attachment: Perspectives of low-attached high school students. *Educational Psychology*, 16(3), 297–305.

[32]Noguera, P.(2012).The achievement gap and the schools we need: Creating the conditions where race and class no longer predict student achievement. *In Motion Magazine.* Retrieved from http://www.inmotionmagazine.com/er12/pn_achvgap.html.

[33]Odéen, M., Westerlund, H., Theorell, T., Leineweber, C., Eriksen, H.

R., & Ursin, H.(2013). Expectations, socioeconomic status, and self-rated health: Use of the simplified TOMCATS questionnaire. *International Journal of Behavioral Medicine*, 20(2), 242–251.

[34]Reeve, J. (2006). Extrinsic rewards and inner motivation. In C. Evertson, C. M. Weinstein & C. S. Weinstein (Eds.), *Handbook of classroom management: Research, practice, and contemporary issues* (pp. 645–664). Mahwah, NJ: Erlbaum.

[35]Saphier, J., & Gower, R. (1997). *The skillful teacher: Building your teaching skills.* Carlisle, MA: Research for Better Teaching.

[36]Sargent, J. D., Brown, M. J., Freeman, J. L., Bailey, A., Goodman, D., & Freeman Jr., D. H. (1995). Childhood lead poisoning in Massachusetts communities: Its association with sociodemographic and housing characteristics. *American Journal of Public Health*, 85(4), 528–534.

[37]Sousa, D. A. (2011). *How the brain learns* (4th ed.). Thousand Oaks, CA: Corwin Press.

[38]Sprick, R., & Baldwin, K. (2009). *CHAMPS: A proactive & positive approach to classroom management.* Eugene, OR: Pacific Northwest Publishing.

[39]Wanzer, M. (2002). Use of humor in the classroom: The good, the bad, and the not-so-funny things that teachers say and do. In J. L. Chesebro & J. C. McCroskey (Eds.), *Communication for Teachers* (pp. 116–126). Boston, MA: Allyn and Bacon. Retrieved from https://www.uab.edu/Communicationstudies/richmond_files/ Richmond%20Humor%20in%20 Classroom.pdf.

[40]Wong, H. K., & Wong, R. T. (2001). *The first days of school: How to be an effective teacher.* Mountain View, CA: Harry K. Wong Publications, Inc.

[41] Wubbels, T., Brekelmans, M., van Tartwijk, J., & Admiral, W. (1999). Interpersonal relationships between teachers and students in the classroom. In H. C. Waxman & H. J. Walberg (Eds.), *New directions for teaching practice and research* (pp.151–170). Berkeley, CA: McCutchan Publishing Corp.

[42] Wubbels, T., & Levy, J. (1993). *Do you know what you look like? Interpersonal relationships in education*. London: Falmer Press.